CB142909

Reinventar-se

Reinventar-se

Sua segunda chance:
como superar os limites da mente

Mario Alonso Puig

Da
Boa
Prosa

Título original: Reinventarse

Tradução: Elizabeth Cardozo
Preparação: Luis Dolhnikoff
Revisão: Thaís Iannarelli
Capa: Equipe da Livros de Safra

Dados Internacionais de Catalogação na Publicação (CIP)
(Câmara Brasileira do Livro, SP, Brasil)

Mario Alonso Puig
Reinventar-se : sua segunda chance / Mario
Alonso Puig. -- São Paulo : Editora Da Boa Prosa, 2011.

1. Auto-ajuda - Técnicas 2. Autoconhecimento
3. Comportamento - Modificação 4. Conduta de vida
5. Motivação (Psicologia) 6. Realização pessoal
7. Solução de problemas I. Título.

11-04128 CDD-158.1

Índices para catálogo sistemático:

1. Auto-realização : Psicologia aplicada 158.1

Da Boa Prosa
Alguns têm algo a dizer, outros a vontade de saber

um selo da:

livros de Safra
A gente aduba, planta e colhe palavras!

Livros de Safra
tel 55 11 3081-2510
www.livrosdesafra.com.br

Dedicatória

À minha mulher, Isabela, e aos meus três filhos, Mario, Joaquín e Borja, por serem seres preciosos que todo dia me inspiram e me ajudam a ser um pouquinho melhor. Vocês são meus verdadeiros professores e a grande motivação que me ajuda a superar o medo e a vencer meus próprios limites.

À minha mãe, María Celia, um ser cheio de beleza, coragem, compromisso e amor pela vida. Uma inspiração constante e um exemplo de espírito de superação.

A José María, Manuel, Juan Ignácio, Fernando e Alejandro, meus cinco irmãos. Sempre sentirei infinita gratidão pela imensa sorte de tê-los encontrado pelo caminho.

À memória de meu pai, que sempre estará presente em minha vida como alguém que buscou dar-me raízes para crescer e asas para voar.

À memória de Joaquín, pessoa que jamais esquecerei.

Ingenuamente, esquecemos que debaixo de nosso
mundo racional há outro enterrado.

Carl Gustav Jung

Sumário

Introdução

Na vida, todos nós enfrentamos problemas e obstáculos diante dos quais, muitas vezes, ficamos paralisados. É como se nos invadisse uma profunda convicção de que o problema é insolúvel ou, simplesmente, de que não teremos a capacidade ou o talento necessário para encontrar uma solução.

Muitas pessoas não sabem o que fazer quando sua relação com outro ser humano não é como gostariam que fosse. Outras tentam ser mais atiradas, levam a vida de forma mais decidida e começam a aprender um novo esporte, outro idioma, ou talvez a entender o funcionamento das coisas, como um computador, por exemplo. Mas se algo acontece contrário a isso, interrompem, abandonam. Há seres humanos que aspiram se sentir um pouco mais valiosos, querem maximizar a autoestima, conquistar o respeito dos demais. Mesmo estes, depois de uma sequência de frustrações, resignam-se às suas situações.

Hoje em dia, há muitas pessoas que têm experimentado uma derrota atrás da outra e sentem-se sem forças para seguir em frente. São aquelas que têm feito tudo o que podem para levar adiante suas empresas, suas carreiras, suas famílias e suas vidas, mas sentem que tanto esforço não tem valido a pena e, no fundo, não tem servido para nada. Escrevi este livro para todas essas pessoas, porque seu sofrimento não me é indiferente.

Dediquei muitos anos da minha vida tentando entender a complexidade presente em cada ser humano, e as curiosas reações que se desencadeiam em nós quando temos de enfrentar situações que consideramos adversas. Minha pesquisa partiu de uma pergunta simples: o que determina que, diante de certos fatos, nossa mente fique turva e nos custe pensar com clareza, enquanto percebemos como a angústia nos invade, formando um nó no estômago, fazemo-nos sentir como se algo nos roubasse toda a energia?

A ansiedade é um estado de inquietude curioso, porque começamos a sofrer no presente por algo que nem sequer sabemos com certeza se vai acontecer no futuro.

Diante das profundas mudanças que estão ocorrendo e da enorme incerteza em que vivemos, os quadros de ansiedade não param de aumentar em todo o mundo. A fórmula para gerar um estado de ansiedade é bem simples. Basta imaginar que no futuro vai aparecer uma série de problemas, e seremos incapazes de resolvê-los. A ansiedade é um estado de inquietude curioso, porque começamos a sofrer no presente por algo que nem sequer sabemos com certeza se vai acontecer no futuro. O grande filósofo e matemático francês do século XVII, René Descartes, escreveu uma carta, perto do fim de sua vida, na qual chama atenção um comentário singular: "Minha vida esteve cheia de desgraças, e muitas delas jamais aconteceram".

Se quisermos aumentar nossa capacidade de resolver problemas [...], precisamos aprender como transcender os limites que nossa própria mente nos impõe.

Precisamos ver aquilo que está oculto no âmago de nossa mente, pois só assim compreenderemos com muito mais profundidade de onde surgem nossas verdadeiras limitações. Não vamos encontrar explicação para o que nos acontece dando voltas e voltas em nossas aturdidas cabeças, mas sim buscando em um lugar completamente diferente. Como dizia Albert Einstein, "nenhum problema pode ser resolvido a partir do mesmo grau de consciência que o gerou".

Se a mente tem tanta capacidade para fazer aninhar em nós a preocupação, como vamos ser capazes de resolver essa situação utilizando o mesmo instrumento que criou o problema? Se quisermos aumentar nossa capacidade de resolver problemas e se desejamos potencializar nossa competência no momento de descobrir oportunidades, precisamos aprender como transcender os limites que nossa própria mente nos impõe.

Neste livro, vamos expor muitos aspectos menos conhecidos e mais importantes do funcionamento da mente humana. Tenho enorme esperança e total confiança de que, quando entendemos por que agimos como agimos, podemos começar a desenhar novas estratégias que nos permitam alcançar o que, até esse momento, nos parecia inalcançável.

Os modelos que imperam na educação e na formação das pessoas, em geral, valorizam tremendamente a erudição e, de fato, estão voltados para isso. Entretanto, não qualificam nem medem a capacidade da escuta, da empatia, do autodomínio, da sabedoria, da liderança, da coragem, da compaixão e outras virtudes que tantas vezes determinam o êxito na vida.

Este livro é uma viagem até o interior, porque alguns dos recursos dos quais mais necessitamos para fazer frente aos desafios que a vida nos apresenta, só vamos encontrar dentro de nós.

A mudança pessoal não está relacionada ao conhecimento ou à erudição, mas sim à motivação, já que as pessoas que se sentem verdadeiramente motivadas farão o esforço necessário para aflorar o que permanece oculto e inexplorado em seu interior.

Convido o leitor para caminharmos juntos nesse processo de autodescobrimento, no qual, de forma progressiva, iremos compreender que o que há dentro de nós é um espaço surpreendente e mágico. Quando tocarmos um pouquinho mais nossa verdadeira realidade, daremos conta de que grande parte da angústia e do sofrimento que experimentamos na vida é optativa, e que nossa natureza fundamental é fonte de Energia, Sabedoria, Serenidade, Alegria, Criatividade e Amor.

Mario Alonso Puig

I

Reinventar-se

Não é o mais forte da espécie que sobrevive, nem o mais inteligente, mas sim o que melhor se adapta às mudanças

Charles Darwin

Uma das coisas mais difíceis de se fazer é manter a mente aberta na hora de explorar conceitos que desafiam nossa forma habitual de pensar. Todos sabemos que nosso cérebro é capaz de perceber só uma pequena parte da realidade. No entanto, no momento de agir, tendemos a nos comportar como se a nossa perspectiva fosse a única existente. Por exemplo, muitas vezes a percepção verdadeiramente afiada é a que descobre o que as pessoas sentem, mas não dizem, e não aquela que, de um relance, distingue formas e cores. Existem facetas da realidade que, se pudéssemos vê-las, revelariam muitas coisas que agregariam mais tempo e qualidade a nossas vidas. É lógico que nos perguntaremos o porquê dessa estranha situação, que nos leva a permanecer cegos diante daquelas oportunidades que a vida, sem que saibamos, nos oferece.

Só compreendendo um pouco melhor a interação entre cérebro e mente poderemos explicar por que o cérebro não funciona com o nível de eficiência que esperaríamos dele. É frequente ouvir que só utilizamos 10% de nosso cérebro. Isso não tem nenhuma base científica e, ainda assim, de alguma maneira todos sabemos, ainda que de modo intuitivo, que temos recursos, poderes e talentos dentro de nós esperando para serem descobertos.

O cérebro é um órgão tão complexo que, apesar de representar apenas 2% do peso corporal, consome 25% do sistema sanguíneo. Processos como o da análise, da aprendizagem ou do pensamento criativo precisam de uma grande energia, que chega na forma de glicose e de oxigênio através do sangue. A missão mais importante do cérebro é a de nos ajudar a sobreviver.

O cérebro é um órgão tão complexo que,
apesar de representar apenas 2% do peso corporal,
consome 25% do sistema sanguíneo.

Há mais de dois milhões de anos, o *Homo habilis* sobreviveu, diferentemente de seus primos, os parontropos. A razão do sucesso não foi outra senão o primeiro ter desenvolvido um cérebro maior e mais eficiente.

A tarefa de sobreviver tem muito a ver com a capacidade de resolver problemas, tomar decisões, ultrapassar obstáculos e aprender com os erros. Nossas capacidades de observação e análise, combinadas com as faculdades de inteligência, memória, imaginação e criatividade, constituem o substrato de que precisamos para fazer frente, com eficiência, aos desafios que a vida apresenta. No entanto, todas essas faculdades e capacidades são de pouca utilidade, se diante dos desafios, nos enchemos de ansiedade ou angústia. Mesmo que nos custe aceitar, uma pessoa bloqueada emocionalmente está anulada intelectualmente.

As emoções que sentimos, e que são tão importantes na hora de resolvermos problemas, não surgem do nada. Elas têm origem muito clara e específica. Conhecer as origens de tais emoções é muito importante se quisermos geri-las de forma adequada. Isso tem especial relevância quando nos encontramos em situações muito difíceis, submetidos à muita pressão, e nossas decisões podem ter consequências importantes.

Quando tais emoções, como o medo ou a desesperança, apoderam-se de nós, produz-se um autêntico "apagão cerebral", e não importa o quanto somos inteligentes, nossa inteligência não brilhará de jeito algum. O que torna insolúvel a maior parte dos problemas não é a sua dificuldade, mas sim nossa sensação de pequenez ao enfrentá-los. Por isso, a verdadeira capacidade de resolver problemas com criatividade tem a ver com conseguir que, diante deles, nosso cérebro alcance alto grau de equilíbrio – o que é necessário para que funcione bem e encontre uma solução eficiente.

Da metalurgia adotamos a palavra *resiliência*, que é a resistência do metal em ser deformado. Também adotamos, da mesma arte, a palavra *elasticidade*, que é a capacidade do metal de voltar à forma original quando a força que o deformou desaparece. O aço, por exemplo, oferece uma grande resiliência, porque dá muito trabalho deformá-lo e, por outro lado, tem uma grande elasticidade para voltar à sua forma inicial depois que a força que atuava sobre ele cessa.

Há pessoas com extraordinária capacidade de suportar adversidades, e que dificilmente perdem a serenidade. Acontece também de essas mesmas pessoas terem maior capacidade de recuperação depois de passarem por um episódio doloroso em suas vidas.

Da medicina adotamos a palavra *homeostase*, que é o conjunto de mecanismos que mantêm certos parâmetros do organismo estáveis. É interessante saber como desenvolver em nós essa resiliência e essa elasticidade. Interessa saber como desenvolver mecanismos para manter a homeostase, nosso estado de equilíbrio, quando as circunstâncias nas quais nos encontramos são difíceis ou mesmo desfavoráveis.

Para conseguir tal competência, é preciso entrar em complexos recantos da mente humana a fim de descobrir como geri-la da maneira mais adequada possível.

Ainda que não goste muito da analogia entre cérebro e computador, ela pode ser muito útil na hora de entender certas coisas que tendem a ser um pouco escorregadias. Nosso cérebro se assemelharia parcialmente a um computador muito complexo, capaz de fazer os cálculos mais surpreendentes e encontrar as soluções mais inovadoras. No entanto, do mesmo modo que o computador funciona com um programa, um software, nosso cérebro responde também a um software, que estaria localizado no âmbito mental. Um computador magnífico com um software medíocre gera resultados medíocres. Um cérebro excepcional com um software mental limitante só produz processos limitados.

O software mental se fabrica,
fundamentalmente, por meio das experiências.

O software mental se fabrica, fundamentalmente, por meio das experiências. Essas experiências se transformam em pontos de referência que decidem como o cérebro deve funcionar no futuro. Por exemplo, vamos imaginar que alguém tivesse uma série de experiências muito negativas tendo como chefe uma pessoa do sexo oposto. O resultado será que se essa pessoa tiver, em outro trabalho, um chefe também do sexo oposto, provavelmente começará a experimentar um conjunto de emoções desagradáveis. Entre elas, poderíamos talvez citar a frustração, o ressentimento e até a ira. Possivelmente, o rendimento dessa pessoa seria medíocre, com muitas distrações e a ocorrência de múltiplos erros. Esse seria um caso claro de um cérebro perfeitamente capaz, cujo software danificado pela experiência torna incapaz, limitando-o continuamente.

Algo similar pode acontecer com uma criança que tenha experimentado muito sofrimento na hora de aprender algo novo. Submetida à necessidade de uma nova aprendizagem, a criança será incapaz de manter a atenção, de compreender e de memorizar.

Parte das vivências que acumulamos ao longo de nossas vidas é essencial para a sobrevivência, e está muito bem onde está. No entanto, outras experiências são profundamente limitantes, como vimos, e impedem a adaptação diante de contextos incertos e mutáveis. É precisamente esse tipo de experiência que mais nos interessa conhecer e compreender, porque, quando as transformamos, nosso corpo também muda e se torna mais capaz.

O software, programa de um computador, a menos que contenha algum tipo de vírus, não pode danificar o hardware, ou seja, a estrutura física do computador. No entanto, o software mental, a mente, quando não funciona bem pode gerar lesões na parte física, ou seja, no cérebro. Por isso, precisamos transformar um programa mental que não funciona bem em um que funcione, produzindo um claro impacto na estrutura física do cérebro humano.

Não se discute mais que o cérebro do adulto é maleável. Hoje sabemos que, mudando a forma de pensar, mudamos os circuitos cerebrais. Também sabemos que as pessoas presas em uma mentalidade negativa favorecem a morte neuronal e que, por outro lado, aquelas que decidem focar na positividade geram novos neurônios a partir de células-mães cerebrais.

O software mental, quando não funciona bem,
pode gerar lesões na parte física,
no hardware, no cérebro.

Nós, seres humanos, quando trocamos nossos programas mentais mais limitantes por outros menos limitantes, modificamos fisicamente a estrutura de nosso próprio cérebro. Talvez por isso d. Santiago Ramón y Cajal, primeiro Nobel de Medicina (1906), dizia que todo ser humano pode ser escultor de seu próprio cérebro, desde que a isso se proponha. É importante entender que Cajal não falava metaforicamente, mas sim literalmente. Isso pode encher de esperança todos nós que desejamos fazer crescer e evoluir nossa inteligência e nossa capacidade de aprendizagem. Essa certeza põe em nossas mãos uma grande responsabilidade: a de treinarmos a nós mesmos para nos reinventar.

Conselho final

Para reinventar-se, enfoque no seu desejo, não no seu temor.

2

O olhar interior

Como clarear a água turva?
Deixe-a quieta e pouco a pouco ela se tornará clara.
Lao-Tsé

Nossas experiências, quando são intensas do ponto de vista emocional e, sobretudo se aconteceram durante nossa infância, podem tornar-se o que se denomina "crenças inconscientes". Crenças desse tipo são, em resumo, nossas convicções. Trata-se das certezas que, para nós, não admitem discussão. Não se parecem com ideias, mas sim com sentimentos verdadeiros. Por exemplo, é muito diferente pensar que não sou capaz de fazer algo, sentir-me incapaz ou saber que sou incapaz. Quando falamos dessas crenças, falamos de algo muito enraizado na mente. Gostaria de ressaltar que a maior parte das convicções que nos limitam age secretamente, ou seja, por baixo do plano consciente.

Provavelmente você já ouviu falar do teste de Quociente de Inteligência (QI), que durante muitos anos foi considerado um medidor da inteligência das pessoas. É curioso saber que, quando certos jovens foram ajudados a desmascarar algumas das crenças (profundamente limitantes) que tinham sobre eles próprios e as transformaram em convicções mais positivas, conseguiram elevar o Quociente de Inteligência de maneira extraordinária. Isso significa, nem mais nem menos, que algumas de nossas crenças podem limitar muito o desenvolvimento de nossa inteligência.

A maior parte das convicções que nos limitam age secretamente, ou seja, por baixo do plano consciente.

Muitas vezes estamos convencidos de que fomos destinados a ser como somos, e nos parece impossível mudar. No entanto, repito que nosso cérebro é capaz de perceber e reconhecer em nós apenas uma pequena parte da realidade que somos. Além disso, é bom saber que nosso cérebro, no que se refere à percepção, pode nos enganar completamente.

Quando alguém observa o movimento do sol, desde o amanhecer até o entardecer, o que enxerga é que o sol se moveu enquanto o observador ficou parado. Galileu pagou muito caro para que a mentalidade de sua época se abrisse e considerasse algo completamente oposto, não só ao que se pensava, mas também ao que se via.

Existe uma série de ideias que tendemos a descartar por princípio, porque estão em contradição com o que nossos próprios sentidos nos mostram. Darei outro exemplo para esclarecer melhor. Todos nós entendemos que a matéria é formada por átomos e que, como nosso corpo é material, também é composto por átomos. Quando observamos nosso corpo, o vemos como uma coisa só. No entanto, isso é uma percepção que não se sustenta na realidade.

Durante uma visita que fiz ao Museu da Ciência em Londres, foi-me explicado algo surpreendente. A parte de um átomo que poderíamos chamar de "sólida" é um núcleo – se recordarmos de algumas de nossas aulas de física – rodeado por uma "membrana" formada, fundamentalmente, por um espaço vazio pelo qual se movem os elétrons. Pois bem, para que tenhamos uma ideia do vazio que compõe um átomo, basta imaginar que se o núcleo tivesse o tamanho de uma bola de futebol colocada no meio da cidade de Londres, a "membrana" de elétrons ocuparia todo o espaço da capital britânica, cujo diâmetro é de cerca de 50 quilômetros. Se somos formados por átomos, como de fato o somos, quer dizer que somos, na verdade, ocos. Apesar disso, nos vemos sólidos.

Também nossas vísceras mudam de tal maneira que muitos dos órgãos que atualmente possuímos não contêm nenhuma das células que tínhamos ao nascer. São células novas, que apareceram como consequência do processo de reprodução celular, o qual acontece de maneira contínua no corpo.

Ou nos livramos de nossa forma tão limitada de pensar ou seremos incapazes de ver as coisas por uma perspectiva que nos permitirá descobrir portas onde antes víamos apenas muros.

Será necessário que o leitor mantenha a mente muito aberta, não porque se farão revelações de fenômenos extraordinários, mas sim porque vamos perceber que: ou nos livramos de nossa forma tão limitada de pensar ou seremos incapazes de ver as coisas por uma perspectiva que nos permitirá descobrir portas onde antes víamos apenas muros. Precisamos recuperar a capacidade da surpresa e do assombro de uma criança para introduzirmos o que Einstein chamava de "a beleza do mistério".

Da mesma maneira que a realidade dos micro-organismos se faz patente com a invenção de um instrumento de observação, o microscópio, e que a realidade das galáxias se fez evidente com a utilização do telescópio, vamos precisar de um instrumento muito especial para entrar no mundo interior e descobrir aquilo que, apesar de existir, permanece oculto. Esse instrumento de observação não é outra coisa senão a consciência.

Gostaria de contar ao leitor uma história fascinante que escutei de Steven Covey:

> Dois pescadores estavam em um rio nos Estados Unidos, pescando com a técnica da mosca. Nessa técnica, que se popularizou em muitos filmes, a linha se movimenta como um chicote em cima da água, golpeando ocasionalmente a superfície para dar a impressão de que um inseto caiu nela. Isso faz com que as trutas queiram capturar a isca. Logicamente, o peixe espera um tempo para capturar sua presa, pois tem de sentir que está muito perto dela. Por isso, nessa técnica de pesca é de grande importância que a isca caia na água bem perto dos peixes.

Um dos pescadores pescava muito, enquanto o outro não pescava nada. Questionadas sobre a possível causa desse fato curioso, muitas pessoas falaram de sorte, outras de experiência. A realidade se distancia bastante do que nos parece razoável. O pescador que pescava muitos peixes utilizava óculos especiais, chamados "óculos polarizados", que permitiam distinguir a silhueta dos peixes debaixo d'água. Para quem não é aficionado por pesca, nem passa pela cabeça tal explicação, já que não tem ideia da existência de óculos capazes de realizar algo tão surpreendente.

Nossa consciência é parecida com os óculos polarizados dessa história. Ela vai nos ajudar a descobrir o que existe em nosso interior: aquilo que nos impede de viver a vida como gostaríamos e que, na verdade, está sob nosso comando.

A consciência precisa de atenção. A consciência seria como o olho, e a atenção, como a luz que ilumina para que o olho veja. Apenas quando damos atenção ao nosso interior é que podemos descobrir aquilo que permaneceria encoberto e revelar o que estava escondido.

Conselho final

Debaixo de muitos de seus medos mais profundos não existe uma incapacidade real para enfrentá-los, mas sim a convicção de que você é incapaz.

3

Duas consciências em uma única cabeça

A primeira pessoa do singular – esse diabinho chamado
eu – não é nem primeira, nem pessoa, nem singular.
James Hilliman

Nos anos 1930, existia uma doença para a qual não havia cura. Afetava mais crianças e jovens, e não raro resultava em graves lesões, e até em morte. Tratava-se de uma estranha enfermidade chamada *epilepsia*. Quando um grupo de células cerebrais – que se encontrava, geralmente, na proximidade de uma pequena cicatriz situada no córtex cerebral – começava a se irritar, tinha início a produção de uma série de descargas repentinas e muito fortes. Essas descargas, como se fosse uma onda que se estende pela superfície de um lago, faziam com que os grupos neuronais localizados nas proximidades também iniciassem uma descarga. Quando essa corrente de disparos chegava ao corpo caloso – uma das pontes que ligam os lados do cérebro –, a totalidade do cérebro entrava num estado anormal, e a pessoa experimentava o que se denomina de *estado epilético*. O doente perdia a consciência, caía no chão e começava a ter convulsões.

Às vezes, a pessoa acabava caindo sobre o fogo ou em um chão duro, o que explicava algumas das consequências dramáticas que o evento podia produzir. Outro problema era que, durante o estado convulsivo, a pessoa podia asfixiar-se e morrer. Os médicos não sabiam o que fazer para resolver o transtorno. Naquela época, a neurofarmacologia não era tão evoluída e não existiam todas as alternativas terapêuticas de hoje, que podem ser muito eficazes – e mesmo ter êxito total – frente a essa doença.

Os neurocirurgiões decidiram, então, propor uma solução arriscada. Sabia-se que a descarga epilética começava em uma zona do cérebro, e que os sintomas apresentados pelo paciente poderiam orientar era o lugar da descarga inicial. Essa constelação de sintomas e sinais era conhecida como "aura epilética". Se, por exemplo, o foco inicial estava situado em uma área visual, o paciente notava raios de luz; se estava situado em um lobo temporal, podia ouvir sons e até ter alucinações.

Os cirurgiões imaginaram que, se conseguissem impedir a descarga de passar de um hemisfério do cérebro para o outro, ao menos poderiam evitar que o paciente entrasse no temido estado epilético. A solução parecia uma loucura: a divisão do corpo caloso, uma estrutura que tem mais de quinhentos milhões de fibras nervosas. O que seria de um ser humano cujos dois hemisférios cerebrais não pudessem se comunicar? Seria o remédio pior do que a doença?

Como não havia alternativa no horizonte, os médicos decidiram fazer experiências e, para isso, utilizaram macacos, que sempre foram de muita ajuda na pesquisa médica. Depois da anestesia e da abertura da calota craniana, passaram à meticulosa divisão da ponte entre os dois hemisférios. Em seguida, levaram os macacos à sala de recuperação a fim de observar o que aconteceria quando despertassem.

Os cientistas surpreenderam-se ao constatar que a divisão do corpo caloso parecia não haver acarretado qualquer efeito negativo nos macacos. Animados com os resultados, passaram a realizar a cirurgia nos seres humanos que padeciam da doença. Claro que a diferença entre um macaco e um ser humano é muito grande, e isso explica por que, nas primeiras intervenções, os neurocirurgiões só se atreveram a fazer divisões parciais do corpo caloso. Depois dessas cirurgias, o resultado foi que a descarga epilética demorava mais para encontrar a ponte e saltar para o outro hemisfério – já que parte da ligação entre os lados deixara de existir –, mas, no final, encontrava o que restava, passava para o outro lado e desencadeava um novo estado epilético. De alguma maneira, a solução de cortar parcialmente o corpo caloso só retardava o reaparecimento dos sintomas.

Como as pessoas operadas não apresentavam sequelas pós-operatórias, os médicos ficaram empolgados, decidindo então apostar todas as fichas e realizar o corte completo do corpo caloso. O resultado foi extraordinário porque, dessa vez, a descarga epilética não podia estender-se livremente, e a incisão total do corpo caloso parecia não ter gerado consequências, do mesmo modo como acontecera com os macacos. A partir daí, considerou-se o corpo caloso uma estrutura que, curiosamente, poderia ser divisível.

Durante muitos anos, as coisas pararam por aí, até que apareceu em cena um cientista chamado Roger Sperry, que começou a se interessar pelo chamado "grupo do cérebro dividido da Califórnia". Esse grupo reunia aqueles pacientes que, tempos antes, tinham operado o corpo caloso. Muitos deles, crianças à época, eram agora adultos que levavam uma vida completamente normal.

Sperry se questionou: como é possível cortar uma estrutura de tal importância sem que haja consequências para o cérebro? De que maneira um lado do cérebro sabe o que acontece com o outro se eles não podem se comunicar? Essas questões o levaram a pesquisar e pesquisar, até que decifrou o mistério – o que lhe rendeu o Nobel de Medicina e Fisiologia em 1981.

O que esse pesquisador descobriu no Instituto Tecnológico da Califórnia (Caltech) foi muito mais do que uma explicação para o fato de os pacientes não apresentarem nenhum problema depois da divisão do corpo caloso. Roger Sperry descobriu algo tão fascinante e surpreendente que ainda hoje é difícil entender em sua totalidade.

Permita-me o leitor explicar algumas coisas sobre o funcionamento do cérebro, para que possa se compreender com maior clareza a base dos descobrimentos do professor Sperry e a importância que isso tem em nossas vidas.

Se você olhar para frente, tudo o que está situado no campo visual esquerdo será percebido pelo hemisfério cerebral contrário, isto é, o direito, e tudo o que está situado no campo visual direito será percebido pelo hemisfério cerebral esquerdo. E ainda que o que se ouve no lado esquerdo vá para ambos os hemisférios do cérebro, e o mesmo aconteça com o que se ouve no lado direito, cabe observar que a metade direita do corpo está controlada pelo hemisfério cerebral esquerdo, e a metade esquerda, pelo hemisfério direito. Por isso, alguém que tenha sofrido um acidente vascular cerebral (AVC) do lado esquerdo pode apresentar dificuldades de movimento no lado direito do corpo.

Se for projetada uma imagem qpara alguém que tenha tido o corpo caloso cortado, de mod que apenas seu hemisfério cerebral esquerdo possa vê-la, ou seja, fazendo a projeção somente para o campo visual direito, e se além disso evitar que a pessoa mova a cabeça, seu hemisfério cerebral direito não terá nem ideia do que a pessoa está vendo.

Sperry inventou um tipo de lente que, de fato, impedia que cada lado do cérebro tivesse acesso ao campo visual inverso. Então, no caso dos homens, entre outras imagens, projetou fotos de mulheres nuas. Essas imagens foram exibidas de tal maneira que só o hemisfério cerebral esquerdo podia registrá-las. Como aquelas pessoas tinham seu corpo caloso cortado, a informação não podia passar para o outro lado do cérebro, ou seja, o lado direito.

– O que você está vendo? – perguntava Sperry.

– Mulheres nuas, professor.

Havia algo muito estranho nas respostas, pois não revelavam nenhuma emoção durante a descrição. Além disso, a pele não mostrava resposta galvânica (a resposta galvânica da pele é a base dos detectores de mentiras, já que se produz de maneira inconsciente quando algo gera em nós uma descarga afetiva).

Depois, Sperry mostrou ao grupo na mesma tela a palavra *mãe,* e sucedeu o mesmo: descreveram perfeitamente o que significava mas, no entanto, não havia nenhum rastro de emotividade nas descrições.

Então, Sperry mudou a posição da tela e projetou as imagens das mulheres nuas de tal forma que, dessa vez, só o hemisfério direito daquelas pessoas pudesse percebê-las, e foi então que aconteceu algo bastante curioso. Os homens começaram a sorrir e a ficar nervosos, enquanto a resposta galvânica da pele disparava sinais de um claro impacto emocional. Em seguida, Sperry perguntou a eles o que estava acontecendo.

A maior parte das pessoas só tem centros de linguagem no hemisfério cerebral esquerdo, o que significa que respondemos às perguntas a partir desse lado. Porém, aqueles homens não podiam responder o que Sperry perguntava, pois seu hemisfério esquerdo não tinha visto as imagens. Por isso, a resposta típica era: "Doutor, está muito calor nesta sala, e o senhor me deixa um pouco nervoso".

Apesar de o hemisfério esquerdo não poder ver as mulheres nuas, os participantes podiam perceber as intensas mudanças em seus corpos. Acabaram por interpretar as alterações corporais do modo como as descreveram ao médico: atribuindo a origem de suas emoções a um suposto calor e ao próprio Sperry.

A conclusão de Sperry é que o ser humano não tem apenas dois hemisférios cerebrais mas, além disso, tem duas mentes que processam a realidade de forma diferente e complementar. Ambas as mentes teriam consciências diferentes.

O hemisfério esquerdo é um grande especialista na hora de analisar a informação e armazená-la. Não poderíamos aprender novas ideias e novos conceitos se não dispuséssemos do hemisfério cerebral esquerdo. Sua função é central no momento de aprender novas rotinas e novos padrões de respostas. Desse modo, podemos reagir de maneira prática e eficaz a muitos dos acontecimentos com os quais nos deparamos. Sem o hemisfério esquerdo, não teríamos nenhuma capacidade de utilizar nem os números nem as letras, que não fariam qualquer sentido para nós. Além disso, custaria muito identificar as partes de um todo. O hemisfério esquerdo é o hemisfério do conhecimento e da erudição, algo que nossa sociedade valoriza muito.

A conclusão de Sperry é que o ser humano não tem apenas dois hemisférios cerebrais mas, além disso, tem duas mentes [...]. Ambas as mentes teriam consciências diferentes.

O hemisfério direito é muito mais sutil em seu funcionamento. Grande especialista nas tarefas espaciais, é o berço da imaginação e, por isso, central no processo criativo. O hemisfério direito, diferentemente do esquerdo, trabalha em paralelo, processando milhões de dados de informações simultaneamente. Sua grande destreza não está na análise de diferentes elementos, mas sim em encontrar as relações entre eles. Além disso, tem uma conexão muito mais intensa do que o hemisfério esquerdo com o sistema límbico, que é nosso "cérebro emocional". Por isso, os participantes da pesquisa de Sperry mostravam tanta emotividade apenas quando as imagens eram apresentadas ao hemisfério direito, e não quando exibidas ao esquerdo.

O hemisfério direito é especialmente ativo durante o sonho e em diversas técnicas de meditação. No entanto, é bom lembrar que, em algumas formas de meditação, a atividade principal ocorre no nível anterior do hemisfério esquerdo, onde se desdobram emoções de caráter fundamentalmente positivo, como a alegria e a compaixão.

Hoje sabemos que o hemisfério direito está muito mais atento ao que acontece no corpo do que o hemisfério esquerdo, especialmente em tudo que ter a ver com as reações de alarme diante de um possível perigo. O hemisfério direito é a parte mais importante do cérebro para quando temos de enfrentar uma situação nova ou desconhecida. Nos animais, quando se sentem inseguros, nota-se uma aumento da atividade do hemisfério direito.

O motivo para tal reação passa pela questão de o comportamento padrão, comandado pelo hemisfério esquerdo, ser muito útil quando nos movemos tranquilamente em nossa zona de conforto, mas não ser de grande ajuda quando mudamos de terreno e já não sabemos onde estamos. Tenhamos em conta que o hemisfério direito está captando muitos dados ao redor, sem percebermos. Além disso, está conectando esses dados com a informação prévia, e tudo com uma única finalidade: descobrir quais são os padrões que operam nesse novo contexto. Uma vez descobertos, e desenvolvidas as estratégias para se movimentar com desenvoltura, essa nova tática de ação ficará, então, armazenada no hemisfério esquerdo.

Um dos elementos mais marcantes na diferença entre ambos os hemisférios é como eles nos transmitem a informação. O hemisfério esquerdo utiliza o pensamento em forma de palavras, enquanto o hemisfério direito, por carecer de centros de linguagem, maneja a informação de forma diferente. Ele se comunica por meio de sensações corporais, imagens, símbolos ou emoções. Esse é um dos grandes problemas: prestamos demasiada atenção ao que pensamos e muito pouca às sensações, que podem se enquadrar no conceito de intuição.

Foi uma doença, a epilepsia, que ajudou Roger Sperry a decifrar algumas das capacidades mais surpreendentes de cada hemisfério cerebral. Porém, muito se tem avançado desde aquela época. Por exemplo, sabemos agora não apenas que o hemisfério esquerdo exerce uma espécie de inibição sobre o hemisfério direito, mas que, além disso, o hemisfério direito é a porta para o inconsciente e para uma percepção da realidade completamente diferente da que normalmente temos, já que é o hemisfério esquerdo que domina nossas vidas.

Em 10 de dezembro de 1996, uma extraordinária neuroanatomista norte-americana, Jill Taylor, teve um derrame. A causa foi o rompimento de uma malformação arteriovenosa na superfície de seu hemisfério esquerdo. Esse tipo de malformação congênita é como um nó de vasos que ficam submetidos a muita pressão e podem se romper com facilidade.

Graças a sua formação médica, ela pôde acompanhar todo o processo à medida que o mesmo acontecia. Surpreende sua descrição de como era incapaz de pedir ajuda, porque não conseguia sequer decifrar os números do telefone e, sobretudo, de como foi perdendo pouco a pouco seu sentido de identidade, seu sentido do eu, enquanto entrava em um estado de paz e de alegria difícil de descrever. Além disso, começou a sentir como se tudo o que nos rodeia tivesse uma unidade.

Em sua luta interior para sobreviver, não só encontrou como obstáculo sua incapacidade para usar a linguagem e pedir ajuda, mas também a sensação de emoções tão agradáveis a ponto de preferir ficar ali, sem socorro.

Finalmente, ela foi resgatada. Extirparam o coágulo que exercia pressão em seu cérebro e, passados oito anos, ela havia se recuperado completamente. Foi necessária uma força de vontade extraordinária para voltar a se familiarizar com conceitos e conhecimentos que antes dominava, e para reaprender, inclusive, habilidades e rotinas que antes manejava com grande perfeição.

Não se pode ser categórico em nada do que se refere à ciência, mas fica a impressão de que grande parte da construção da nossa identidade, da nossa personalidade e dos padrões de nossa conduta depende do hemisfério cerebral esquerdo. Isso faria muito sentido se considerássemos a importância que tem a linguagem na construção de nossa identidade e até que ponto a forma como interpretamos as coisas afeta nossas experiências emocionais. Possivelmente, é em nosso hemisfério cerebral esquerdo que podemos encontrar os limites mentais que nos impomos e que são refletidos em nossos filtros na hora de observar a realidade. No entanto, como ficou claro no caso da dra. Taylor, não se pode funcionar em nossa realidade de formas, números, letras e objetos se não houver de um hemisfério esquerdo que funcione de maneira adequada.

Pois bem, se queremos aprender coisas novas e mudar alguns de nossos padrões estabelecidos, para que se ajustem mais à realidade, fica a sensação de que o hemisfério cerebral direito é essencial, já que nos proporciona não só a experiência de unidade, mas também a ausência completa do tempo.

Se vivermos apenas no plano da identidade e da personalidade, nossa vida se limitará a um perambular pela zona de conforto e, por isso, nos sairemos bem usando habilidades aprendidas e rotinas estabelecidas, mas não iniciaremos um processo real de crescimento e evolução.

Precisamos dos dois hemisférios, não um dominando e outro sendo dominado, mas sim colaborando estreita e mutuamente. Assim, seremos beneficiados por acessar novas perspectivas a partir de ângulos diferentes e complementares.

Conselho final

Você tem algumas capacidades muito valiosas que lhe permitem analisar e raciocinar. No entanto, não se esqueça de que tem outros talentos menos aparentes, mas não menos relevantes. Cultive momentos de silêncio e reflexão, e começará a ver facetas da realidade que antes não via.

4

O mapa do tesouro

Ainda que não vejamos poder algum em um copo de água, quando se transforma em vapor, é capaz de mover os pistões de máquinas muito poderosas.

T. T. Liang

Para entender de maneira simples e clara como é possível haver em nosso interior recursos e fortalezas que não conhecemos, é importante explorar o que poderíamos chamar de "o mapa do tesouro". Os mapas dos antigos piratas não eram nada simples de interpretar. De alguma maneira, os piratas precisavam se precaver. Portanto, apenas os detentores das senhas certas podiam dar o sentido correto aos mapas. Uma grande fortuna aguardava a pessoa que fosse consciente dos atalhos que deveria evitar, já que escondiam armadilhas, e das pistas que teria de seguir, pois só assim chegaria à preciosa recompensa.

Nossa mente é como um grande mapa, no qual, de forma mais ou menos oculta, encontram-se as grandes luzes e também nossas sombras mais escuras; aquilo que nos impulsiona na vida e aquilo que age como um peso para evitar que alcancemos nossos desejos e sonhos mais valiosos. Apenas a partir de uma perspectiva que permita contemplar como as diferentes partes desse mapa estão relacionadas será possível desenhar estratégias mais efetivas de ação.

Nosso mapa mental tem forma de circunferência, por não ter nem princípio nem fim. Em tal circunferência, podemos distinguir dois grandes espaços. Um deles, ainda que exista, é invisível para os nossos olhos. É como se estivesse desenhado com tinta invisível, com a qual se escrevem muitos documentos secretos, e cuja mensagem só se faz visível se for colocada junto ao calor de uma chama.

> Precisamos ter coragem para entrar em outro espaço: o que não se vê [...]. Se fizermos isso, descobriremos duas coisas: a origem de nossas respostas automáticas e nosso potencial inexplorado.

O outro espaço que existe em nosso mapa é visível, e nele se encontra tudo o que sabemos conhecer e tudo o que sabemos não conhecer. Em meu caso, sei que posso operar. Por outro lado, sei que não falo chinês e; ainda assim sei que há algo, que é a cultura e o idioma chineses, e se tivesse muitíssimo interesse nisso, poderia começar a estudar alguns livros simples, para ir me familiarizando. Nossa consciência comum tem acesso a esse espaço que contém o que sabemos e o que sabemos que não conhecemos. É por isso que qualquer um de nós se dá conta facilmente dessas informações e desse "espaço".

Grande parte de nossos conhecimentos, de nossas ideias e de nossa experiência está contida nesse espaço acessível à consciência comum. No entanto, apenas com o que nos oferece esse espaço não podemos resolver muitos dos problemas, digamos, complexos, nem os grandes desafios que a vida impõe, por não termos experiência prévia que nos ajude a resolvê-los.

Precisamos ter coragem para entrar em outro espaço: o que não se vê, o que está oculto, o espaço inconsciente. Se assim o fazemos, descobrimos duas coisas: a origem de nossas respostas automáticas e o nosso potencial inexplorado.

A primeira pessoa do mundo moderno que entendeu o imenso papel do inconsciente em nossas vidas foi Sigmund Freud. Observando Charcot, em Paris, ele foi elaborando sua teoria, propondo que muitos dos transtornos mentais e emocionais são gerados em conflitos que acontecem em nível inconsciente.

Nós, seres humanos, adoramos controlar tudo e tendemos a nos revoltar diante da ideia de que muitas de nossas ações têm origem inconsciente e que, portanto, escapam ao nosso controle. Parece-nos que isso implica um determinismo e uma falta de liberdade que é inaceitável. No entanto, ninguém disse que não temos liberdade, mas sim que, sem compreender como ele atua e sem conectar-se com ele, o inconsciente seguirá controlando, sem que saibamos, muitas de nossas reações frente às coisas que nos acontecem. Reações cujas consequências não são favoráveis para nossas vidas.

O consciente seria como o capitão de um veleiro, e o inconsciente, como o vento que impulsiona as velas. Por mais que custe admitir, ou o capitão aprende a entender o vento e a usá-lo a seu favor, ou não irá longe.

Essa parte de nosso mapa, que não se vê porque está desenhada com "tinta invisível", também esconde a localização de um grande tesouro em forma de sabedoria, energia, criatividade, paz, alegria e amor. Se chegarmos ao dito tesouro, nossa vida experimentará uma transformação positiva em todos os sentidos. Daí seu imenso valor.

Também nesse mesmo mapa, e escondidas de nossa vista, encontram-se as armadilhas que vão tentar nos impedir de alcançar o tesouro. Essas armadilhas lembram algumas daquelas que Ulisses enfrentou na *Odisseia*. O canto das sereias é tão belo que os marinheiros, incapazes de resistir a tais encantos, jogam seus navios contra as rochas, estatelam-se nelas e perecem. Ulisses, sabendo do perigo que espreita, ordena a seus homens que tapem os ouvidos para não serem seduzidos pelas sereias, que só querem a sua perdição.

Como já vimos no capítulo anterior, as armadilhas que surgem em nosso caminho com o objetivo de evitar que alcancemos o tesouro têm o nome de "filtros mentais". O grande poder é a capacidade que têm de alterar nossa percepção, podendo, por isso, conduzir à nossa própria destruição sem que sequer percebamos.

> O consciente seria como o capitão de um veleiro, e o inconsciente, como o vento que impulsiona as velas. [...] Ou capitão aprende a entender o vento e a usá-lo a seu favor, ou não irá longe.

O mais importante a destacar agora é que, enquanto não formos capazes de transcender esses filtros, isto é, enquanto não formos capazes de ir além deles, não poderemos entrar em contato com nosso autêntico potencial, com nosso verdadeiro tesouro.

A forma mais efetiva de alterar a percepção do que vemos é criar certas emoções. Não é verdade que naqueles dias em que você levanta com o "pé esquerdo" acha as pessoas especialmente desagradáveis, e fazer qualquer coisa parece dar um trabalhão?

Quando uma pessoa está contente porque alguma coisa deu certo, tende a ser mais amável e paciente. Simplesmente, ela vê as coisas de uma maneira diferente. Por isso, quando alguém muda a forma de ver as coisas, elas mudam.

Os filtros pessoais e coletivos têm uma enorme capacidade de selecionar a informação que nos chega do entorno. Imagine um daqueles brinquedos de encaixe, em formato de caixa, para crianças pequenas. Cada lado da caixa, que normalmente costuma ser de cor vermelha, tem pequenas aberturas com formas diferentes. Algumas são estrelas, outras luas, outras peixes, e assim toda uma grande variedade. A segunda parte do brinquedo é formada por pequenas peças soltas, geralmente de cor amarela, imitando formas de estrela, lua e peixe, entre outras. A criança, para desenvolver sua capacidade psicomotora, tem de encontrar o lado da caixa com abertura similar à peça amarela que tem na outra mão. Quando segura uma peça em formato de peixe e quer colocar no espaço em forma de lua, por mais que fique furiosa, não conseguirá encaixar a peça.

Nossos filtros mentais funcionam de maneira parecida. Alguns espaços permitem a chegada de informação do exterior em nossa consciência, mas, se a forma do filtro não for compatível, certos fragmentos da realidade, ainda que sejam tão reais quanto a figura de um peixe, não poderão ser percebidos pela consciência.

Lembro do caso de uma conhecida minha, que havia nascido e crescido em um lugar distante do que chamamos "civilização". Quando entrou em um cinema pela primeira vez, não podia entender o que estava vendo, pois só enxergava um grupo de pontos cinzas em movimento contínuo e enlouquecido. Apesar de termos em nosso cérebro as áreas visuais que nos permitem captar as imagens de um filme, quando não há espaço em um filtro mental para que isso seja possível, ainda que os sentidos captem as imagens, a percepção será profundamente distorcida.

Sei que dá vertigem a ideia de que nossa percepção pode estar limitada de maneira profunda. No entanto, gostaria de convidar o leitor a olhar de outra perspectiva.

Será que só existem as oportunidades que podemos ver? Há oportunidades que ainda não percebemos?

Somos capazes de imaginar as coisas que poderíamos descobrir em nós, nos outros e no mundo se pudermos ir além do que nossos filtros nos permitem ver?

Conselho final

Muitas vezes, o mais valioso está oculto para os nossos olhos. Aproximar-se do que já é conhecido com espírito aberto pode nos ajudar a descobrir muito mais.

5

Desenhando o mais valioso dos quadros

> Um mau hábito entra como um hóspede,
> se une à família e, finalmente, toma o controle.
> **Talmud**

Para compreender como construímos nossa personalidade, temos de ir até o nosso passado e entender como certos processos mentais foram dando forma a ela. Enquanto continuarmos a pensar que a personalidade é algo já completamente definido apenas porque somos adultos, será muito difícil fazer algo para mudar aquelas partes de nós que verdadeiramente queremos mudar. Já vimos até que ponto as crenças profundas afetam nossa percepção da realidade.

Gostaria que víssemos nossa personalidade, nossa identidade, não como uma estrutura rígida e definida, mas como um processo dinâmico. Se a personalidade é um processo dinâmico, tem de haver certas forças para criá-la, estabilizá-la e, também, alterá-la. Se queremos nos abrir para um processo de mudança pessoal, é importante compreender esse jogo de forças.

Para focar na origem da personalidade, queria pedir ao leitor que se recorde de suas férias de verão na praia ou qualquer outro momento, talvez da infância, que tenha passado junto ao mar. Possivelmente, em mais de uma ocasião, você tenha se aproximado da beira da praia para construir uma figura na areia. Lembra-se da desolação que experimentou quando uma onda maior destruiu em um instante aquela figura que você, talvez com algum amigo e com tanto esforço, havia construído?

Algo similar acontece com a construção de nossas personalidades, ou seja, com a definição que fazemos de nós mesmos, a descrição que fazemos a nosso respeito para nós mesmos. Com o tempo, vamos criando algo similar a uma imagem na areia, que, neste caso, seria um autorretrato. Cada vez que decidimos que "eu sou assim" ou "eu não sou assim", juntamos novos elementos a esse quadro, a essa figura desenhada na areia. É fácil deduzir que, se me vejo de certa maneira, todos os comportamentos e ações têm muita relação com a forma como vejo a mim mesmo.

Para nos definir, reunimos informação de toda parte e, logicamente, das pessoas que temos ao nosso redor, em casa, no colégio e na rua. Sempre que alguém utiliza o verbo *ser*, dá um pedaço de informação que tenderemos a utilizar na construção de nosso autorretrato. Assim, se alguém que julgamos de grande autoridade nos pergunta, por exemplo, "Por que você tenta fazer isso, se não é capaz?", esse comentário pode ajudar a deformar a imagem que estamos criando de nós mesmos. Não somos conscientes da importância de tudo o que complementa o verbo *ser*, pois é a partir desse verbo que construímos muito do que compõe nossa personalidade. Por isso, nós, que temos filhos, sobrinhos ou alunos, devemos ser especialmente cuidadosos e procurar não fazer comentários do tipo "Você é atrapalhado", "Você é lento", "Você é incapaz", "Você é grosseiro". É mais recomendado trocar o verbo *ser* por outros: "Há desordem ao seu redor", "Você age com lentidão", "Você se sente incapaz", "Você cometeu uma grosseria".

Não somos conscientes da importância de tudo o que complementa o verbo ser, pois é a partir desse verbo que construímos muito do que compõe nossa personalidade.

O lógico seria percebermos que nosso autorretrato é apenas uma descrição que fazemos de nós mesmos, e que somos muito mais do que isso. No entanto, como construímos essa descrição bem no começo da vida, não nos damos conta do quanto estamos identificados com ela e a ela apegados. Depois que esse autorretrato se define e a vida nos apresenta uma oportunidade em forma de desafio, consultamos nossa autoimagem como se fosse um "espelho mágico", para saber se, levando em conta quem somos, podemos vencer tal desafio. Se o espelho nos responde que não, invadem-nos sentimentos de incapacidade e insuficiência, que nos bloqueiam por completo. Por isso, o filósofo norte-americano Emerson dizia: "O melhor presente que um amigo pode nos dar é colocar à nossa frente um espelho que reflita uma imagem nobre de nós mesmos".

Quando um fato qualquer da vida, ou mesmo outra pessoa, tenta mudar essa imagem que criamos, resistimos como a criança que luta contra a onda do mar para manter a figura construída na areia com tanto esforço. De alguma maneira, chegamos a acreditar que essa imagem, que essa personalidade, somos nós mesmos, em vez de entender que é uma representação, e que somos muito mais. No primeiro momento, é surpreendente o quanto podemos resistir em mudar tal imagem, mas, na verdade, não é tão estranho assim se levarmos em conta que nossa personalidade é aquilo a que nos agarramos para saber quem somos. É fácil compreender por que temos tanto medo que essa imagem se altere, pois temos a certeza de que, se ela mudar, seremos incapazes de reconhecer a nós mesmos.

Lembro de um aluno de mestrado em recursos humanos, de quem eu era professor, que mostrou um grande aborrecimento quando comentei que via no interior de todo ser humano um precioso diamante.

– Será que tem alguém entre nós que não seja apenas um pedaço negro e sujo de carvão?

Não foi tanto o que ele disse, mas como disse. A tensão em seu rosto e a dureza em seu tom me surpreenderam. Talvez aquele participante não falasse dos outros, mas de si mesmo. Considero que alguém que não reconhece o diamante dentro de si também não o reconhecerá em outros seres humanos.

Existem pessoas que estão em estado depressivo e não querem sair dessa situação, ainda que pareçam querer. Em nível inconsciente, elas sabotam todos os seus desejos conscientes de recuperação. Nas profundezas de sua mente, há a crença de que “Eu sou assim, e não há nada que se possa fazer para que eu mude”.

Como é possível o ser humano, que é tão inteligente, cair em semelhante armadilha? Simplesmente, como já dissemos, porque a constrói inconscientemente, sem saber.

Em alguns lugares da Ásia, para capturar certas variedades de macacos, os caçadores utilizam uma armadilha muito curiosa, a qual me remete ao que estou dizendo.
Trata-se de uma caixa de madeira pendurada em uma árvore. Dentro da caixa, há um tipo de alimento que o macaco acha delicioso, uma isca perfeita. A caixa tem um orifício circular que permite que a mão esticada do macaco entre em seu interior. Pronto. Agora, aos caçadores só resta esperar. Logo aparece um macaco, e ele primeiro explora o lugar; em seguida, pouco a pouco, introduz sua mão esticada pelo orifício e agarrar o manjar que está dentro da caixa. Com o punho cerrado para que o prêmio não escape, tenta, então, tirar a mão do orifício, mas agora, por ela estar fechada agarrando a comida, não pode tirá-la. Nesse momento, os caçadores saem de seu esconderijo e, com facilidade espantosa, prendem os macacos.

Somos um pouco parecidos com esse macaco: construímos uma identidade, uma personalidade, uma descrição de nós mesmos e nos agarramos a ela, não queremos soltá-la. Quando a vida nos diz que se quisermos manter nossa real liberdade teremos de soltar essa identidade e mudar, nos negamos, não agimos e continuamos presos a nós mesmos.

Existem pessoas que estão depressivas
e não querem
sair dessa situação,
ainda que pareçam querer.

Existe uma razão muito forte para não "soltar" a identidade, a personalidade, e é fácil de entender, ao menos intelectualmente. Quando alguém se identifica completamente com uma imagem, se esta desaparece, a sensação que fica é a de morte, como se desaparecêssemos. Não se trata, portanto, de não podermos mudar, mas de internamente resistirmos tremendamente à mudança sem nos dar conta disso.

É mais ou menos como se uma lagarta resistisse em se transformar em borboleta. No momento em que a lagarta entra no espaço escuro e disforme do casulo, para deixar que as enzimas proteolíticas libertem sua identidade de borboleta, imagino que apenas a confiança na inteligência superior da natureza possa mantê-la dentro do casulo para iniciar sua fase de crisálida.

Quando o casulo se abre, o ser que sai dali já não é uma lagarta, mas sim uma borboleta. Como se sabe, não há mudança, mas sim uma verdadeira transformação. Voar era uma possibilidade desde quando era lagarta, apesar dela não saber. No entanto, só sua transformação em borboleta faz com que essa possibilidade se desdobre em uma extraordinária realidade. O mesmo acontece com uma bolota, fruto que protege no seu interior a semente da azinheira (espécie de carvalho). Porém, até que a bolota desapareça, não poderá aparecer a azinheira.

Quero pedir ao leitor que faça um exercício de imaginação e se coloque na pele da lagarta, um ser que caminha lentamente, quase se arrastando. Não é verdade que, para uma lagarta, é impossível pular de um galho para outro sem se matar?

Da mesma maneira, se atualizássemos nosso potencial, uma série de coisas seria possível, mas não é, porque não entra no escopo do que nossa identidade considera sensato e razoável. No entanto, o que não é sensato nem razoável da perspectiva da lagarta – por exemplo, a possibilidade de voar – é perfeitamente sensato e razoável da perspectiva da borboleta. Em outras palavras, cada identidade tem uma perspectiva única, por meio da qual se contempla tudo, e não se pode alcançar outra perspectiva até que haja a disposição de transcender a própria identidade, de descobrir que não somos seres rígidos com um papel fixo e determinado na vida, mas sim criaturas capazes de expressar uma criatividade assombrosa. Nisso consiste o feito de descobrir nossa própria magia.

Conselho final

Na vida, quando algo nos importa de verdade e sentimos um medo do nada, devemos confiar que, quando dermos um passo à frente, apesar de nosso medo, nossas asas começarão a se abrir.

6

O legado mais bonito

A atenção é a moeda mais valiosa que tenho para pagar a liberdade interior.

Gurdjieff

O soberano de um grande reino, que já estava em uma idade avançada, queria assegurar que, antes de abandonar o mundo, transmitiria a seu filho uma lição importante. Nos tempos mais difíceis de seu reinado, o equilíbrio e a serenidade tinham sido centrais para se manter firme e conseguir que, finalmente, reinassem a paz e a harmonia em seu país. Por alguma razão, o jovem príncipe não entendia completamente o que seu pai dizia.

– Sim, pai, compreendo que para você é muito importante o equilíbrio, mas creio que sejam mais importantes a astúcia e o poder.

Um dia, quando o rei cavalgava em seu corcel, teve uma grande ideia.

– Talvez meu filho precise ver o que eu digo representado, e não que eu repita várias vezes a mesma coisa.

Levado pelo entusiasmo, convocou as pessoas mais importantes de sua corte ao salão principal do palácio.

– Quero que seja realizado um concurso de pintura, o maior e mais importante já criado. Darei uma extraordinária recompensa ao ganhador. Os mensageiros têm de espalhar a notícia em todos os lugares do mundo.

– Majestade – perguntou um dos nobres –, qual é o tema do concurso?

– O tema é a serenidade, o equilíbrio. Dou apenas uma ordem – disse o rei: a de que em hipótese alguma haverá obras recusadas, por mais estranhas que pareçam ou por mais desagrado que causem.

Os nobres se afastaram sem entender muito bem a surpreendente instrução que o rei havia dado.

De todos os lugares do mundo, chegaram quadros maravilhosos. Alguns mostravam mares em calmaria, outros céus sem nuvens com uma revoada de pássaros planando, criando a sensação de calma, paz e serenidade.

Os nobres estavam entusiasmados diante de quadros tão belos.

– Sem dúvida, Sua Majestade vai ter muita dificuldade para eleger o quadro ganhador entre obras tão magníficas.

De repente, para o assombro de todos, apareceu um quadro completamente diferente. Pintado em tons sombrios e pouca luminosidade, refletia um mar revolto em plena tempestade, com ondas enormes golpeando com violência as rochas escuras de um penhasco. O céu aparecia coberto de enormes nuvens negras.

Os nobres olharam-se incrédulos, e logo romperam em zombaria e gargalhadas.

– Só um demente entraria em um concurso sobre a serenidade com um quadro assim.

Estavam a ponto de jogá-lo fora quando um dos nobres os interrompeu, dizendo:

– Temos ordens do rei e não podemos desobedecê-las. Ele disse que nenhum quadro poderia ser recusado, por mais estranho que fosse. Ainda que não tenhamos entendido essa ordem, ela vem de nosso soberano, e não podemos ignorá-la.

– Está bem – disse outro nobre –, mas ponha esse quadro naquele canto, onde mal o vejam.

Chegou o dia em que o rei tinha de escolher o quadro ganhador. Ao entrar no salão de exposição, seu semblante demonstrava enorme satisfação e, no entanto, à medida que via as diferentes obras, seu rosto transmitia uma decepção crescente.

– Majestade, nenhuma dessas obras o satisfez? – perguntou um dos nobres.

– Sim, sim, são muito bonitas, quanto a isso não há dúvida. Mas há algo que falta a todas elas.

O rei tinha chegado ao fim da exposição sem encontrar

o que tanto procurava, quando, repentinamente, fixou o olhar em um quadro mal despontando de um canto.

– O que há ali, que quase não se pode ver?

– É outro quadro, Majestade.

– E por que o puseram em um lugar tão afastado?

– Majestade, esse quadro foi pintado por um demente, nós o teríamos recusado, mas seguindo suas ordens de aceitar todos os que chegassem, decidimos colocá-lo nesse canto para que não tirasse o brilho da beleza do conjunto.

O rei, que tinha uma curiosidade natural, aproximou-se para ver aquele quadro estranho que, de fato, era difícil de entender. Então, fez algo que nenhum dos membros da corte havia feito: aproximou-se mais e olhou fixamente. Foi então que, de repente, todo o seu rosto se iluminou, e, elevando o tom de voz, declarou:

– Esse! Esse é, sem dúvida, o quadro ganhador.

Os nobres trocaram olhares como se o rei tivesse perdido a cabeça. Um deles, timidamente, perguntou:

– Majestade, jamais discutimos Vossos vereditos, mas o que vedes nesse quadro para declará-lo vencedor?

– Não o viram bem. Aproximem-se.

Quando os nobres se aproximaram, o rei mostrou algo entre as rochas. Era um pequeno ninho, onde havia um passarinho recém-nascido. A mãe lhe dava comida, completamente alheia à tormenta em volta.

O rei explicou que era exatamente o que desejava transmitir a seu filho, o príncipe.

– A serenidade não surge de se viver em circunstâncias ideais, como refletiam os outros quadros, com suas marés tranquilas e seus céus abertos. A serenidade é a capacidade de manter a atenção, em meio à maior dificuldade, centrada naquilo que, para você, é prioridade.

Esse conto reforça ainda mais o quanto a maneira como direcionamos nossa atenção pode ser fonte de equilíbrio ou de desequilíbrio em nossas vidas. Se focarmos no que é incômodo ou desagradável, naquilo que são "as tempestades da vida", nos encheremos de tensão e perderemos nosso equilíbrio pessoal. No entanto, se formos donos de nossa atenção e decidirmos dirigi-la para o que é mais importante para nós, manteremos uma mente clara e centrada enquanto todos os outros se perderão.

A maneira como direcionamos nossa atenção pode ser fonte de equilíbrio ou de desequilíbrio em nossas vidas.

Por isso é tão importante exercitar a capacidade de manter a atenção centrada. Por isso é tão bom se afastar de certas companhias, dessas pessoas que são como buracos negros, que sugam nossa energia, nossa eficiência e nossa saúde. São pessoas que só ficam felizes se lembrarem continuamente de tudo o que está mal no mundo, de tudo o que é impossível alcançar e de todos os defeitos em nós e nos demais. Se prestarmos atenção nelas, acabaremos vendo a realidade da mesma forma. Talvez seja o que procuram, para sentir que controlam outras vidas, mas não creio que seja o que nós, no exercício de nossa liberdade, estejamos interessados em escolher.

Conselho final

Seja o dono de sua atenção. O preço da liberdade é a vigilância permanente. Lembre-se de que para onde vai sua atenção irão também suas emoções e sua energia. Será sempre mais real para você o objeto de sua atenção.

7

Saltando do precipício

Aqueles que ponderam muito antes de dar um passo
passam a vida sobre uma perna só.
Anthony de Melo

Em certa ocasião estava ministrando uma conferência, explicando aos presentes o que era a zona de conforto, esse espaço no qual estamos acostumados a viver, quando chegou a hora de fazer um intervalo. Um dos organizadores da palestra se aproximou para comentar que, na plateia, havia uma advogada especialista em violência contra as mulheres. Aproveitei para me aproximar, cumprimentá-la e fazer uma pergunta:
– Tenho dificuldade de entender por que as mulheres voltam para suas casas se sabem que lá serão maltratadas. Você saberia me dizer o motivo?
Eu imaginava que ela diria que fazem isso pelos filhos, ou pela falta de recursos para viver de modo indepen-

dente, mas, na verdade, a resposta que recebi foi muito diferente. Primeiro ela me olhou com certa surpresa, e depois respondeu:

– Mas Mário, você mesmo acaba de explicar. Elas voltam porque têm um medo enorme de encarar o mundo fora de casa e, apesar da certeza de que vão sofrer no mundo que conhecem, ao menos, de alguma maneira, sabem o que podem esperar.

Estou convencido de que essa é só uma explicação parcial, pois, para muitas mulheres, são outros os motivos que as empurram de volta para casa. No entanto, essa experiência serviu para me dar conta de quanto o fato de nos agarrarmos a uma situação conhecida, em algumas ocasiões, pode nos impedir de entrar em outros espaços de descobrimento e evolução.

Muitas vezes, apenas quando chegamos a esse ponto de insatisfação inspiradora, qaundo dizemos "Chega!", "Acabou", "Não dá mais para mim", e resolvemos com verdadeira determinação dar um passo à frente, reunimos a coragem necessária para passar do conhecido para o desconhecido. Porém, há outras vezes em que não é preciso ir tão longe; basta que algo ou alguém nos inspire a romper nossos aparentes limites para dar esse salto metafórico ao vazio. Nesse momento, "quando a lagarta acreditava que o mundo estava acabando, começou sua transformação em borboleta".

Há uma história preciosa que li certa vez e que, aparentemente, aconteceu em Gana, na África. Uma aldeia do país havia passado por uma época muito difícil, e sua gente estava abatida e sem esperança. Alguém contou a eles a história que narrarei a seguir, que foi passando de boca em boca e começou a mover recursos muito potentes no interior de seus corações. Pouco a pouco, aqueles seres humanos foram se recuperando, até que retomaram a alegria e o entusiasmo.

Em algumas ocasiões, nos agarrarmos a uma situação conhecida pode nos impedir de entrar em outros espaços de descobrimento e evolução.

Não há dúvida de que existem histórias capazes de nos despertar para novas realidades. Talvez, também para você, essa possa ser uma delas.

Um pastor que vivia em uma cabana próxima a um bosque, e a certa distância de uma montanha, mantinha um galinheiro e um rebanho de cabras.
Naquele ano houve uma grande seca, o que causou a perda de boa parte da pastagem. Por isso, o pastor decidiu levar suas cabras para o alto da montanha, onde, provavelmente, havendo mais umidade, encontraria um bom pasto para o seu rebanho. Assim fez e, depois de muito tempo caminhando, chegou ao cume da montanha. Ali, seus animais pastaram por horas, até que foi caindo a tarde e o pastor decidiu voltar para sua cabana.
Descia entre as pedras com seu rebanho, quando viu diante de si algo grande, que, em seguida, reconheceu como um ninho de águia. Ao se aproximar, observou que havia dois filhotes. Um estava morto: tinha caído numa rocha

ao tentar sair do ninho. O outro ainda se movia, mas parecia muito ferido.

O pastor não gostava das águias; na verdade, as considerava inimigas. Certa vez, atacaram suas cabras, e já tinham levado algumas galinhas. Porém, movido pela compaixão, o pastor se agachou, pegou com delicadeza o filhote ferido e o levou para sua cabana. Ali, cuidou dele como pôde, e começou a alimentá-lo com pedacinhos de carne, enquanto deixava que a natureza fizesse sua parte. A ave se recuperou por completo, começou a crescer e crescer, até que se converteu em uma magnífica águia adulta.

A partir desse momento, as coisas começaram a mudar. O pastor, que inicialmente tinha orgulho do que havia feito, começou a se sentir cada vez mais inquieto com a presença daquela ave. De alguma maneira, não conseguia evitar que imagens carregadas de emoção invadissem sua cabeça, lembrando o que aves como aquela tinham feito com suas cabras e galinhas.

Um dia, o pastor chegou à decisão, de abandonar a águia no bosque, pensando que a natureza se encarregaria de ajudá-la a sobreviver. Três vezes o pastor levou a águia ao bosque, e três vezes ela o seguiu dando pequenos pulinhos no chão.

Não sabendo mais o que fazer para se livrar da ave, pensou e pensou, até que teve uma ideia absurda: colocaria a águia no galinheiro, com as galinhas.

Quando as galinhas viram a águia, temeram entrar no galinheiro, correram desesperadas em busca de refúgio. Mas logo se deram conta do estranho comportamento daquele animal, que permanecia quieto e só, e foram se acostumando, progressivamente, com sua presença.

Os anos foram passando, e aquela águia se acostumou a viver como uma galinha. Comia o mesmo que comem as galinhas, e até aprendeu a emitir os mesmos sons que elas.

Foi essa a situação que encontrou um cientista, que passava por ali fazendo um estudo sobre as águias da região. Ele observou, incrédulo, o espetáculo que se oferecia: nem mais nem menos, uma águia convivendo com galinhas. Correndo, bateu com força na porta da cabana do pastor, que atendeu sobressaltado.

– Quem é você? O que quer?

– Peço desculpas, sou um pesquisador, dedico-me ao estudo das águias, e vi algo muito estranho: uma águia vivendo entre suas galinhas.

O pastor naturalmente compreendeu o motivo da surpresa do pesquisador e, depois de convidá-lo a entrar, contou-lhe a história de como a encontrou, curou suas feridas e a criou entre as galinhas.

O cientista escutava a história absorto, até que algo o "sacudiu" bruscamente, algo aparentemente inocente, pois foi um simples comentário que o pastor fez.

– Acredite, meu amigo, a ave vive tanto tempo entre as galinhas que, apesar de continuar tendo forma de águia, não tenho a menor dúvida, em seu interior não passa de uma galinha.

– Sinto muito, mas não posso concordar com o que acaba de dizer – respondeu o pesquisador.

O pastor se sentiu até um pouco ofendido, porque talvez considerasse que ninguém conhecia tão bem aquele animal quanto ele. E respondeu:

– Se está tão convencido, por que não me demonstra, fazendo com que voe...?

O naturalista foi então ao galinheiro, pegou a águia e fez a primeira coisa que lhe ocorreu: lançá-la no ar gritando "Voe!". A ave caiu pesadamente e se escondeu dentro do galinheiro. O pastor ironizou, mas o cientista não se deu por vencido. Começou a olhar ao redor como se procurasse alguma coisa, até que viu uma escada. Aproximou-se, pegou a escada e a apoiou na parede da cabana. Entrou de novo no galinheiro, agarrou a águia e subiu com ela até o telhado. Dali, lançou a águia pelos ares, dizendo "Voe!". A pobre ave caiu como uma bola de penas no chão e ficou uns instantes aturdida. Quando recuperou a compostura, rapidamente se escondeu dentro do galinheiro.

O pastor disse:

– Se continuar assim, vai matar a galinha.

Por alguma razão, e apesar de todas as evidências contrárias e de todas as críticas do pastor, o pesquisador tinha absoluta certeza de que o espírito de uma águia jamais morre e, por isso, apesar de tudo, não se deu por vencido.

De repente, alguma coisa no horizonte capturou sua atenção.

– O que é aquilo lá no fundo?

– É o pico da montanha onde encontrei a águia, quando tentava sair do ninho. Por quê?

– Porque vou até lá, onde ela nasceu. Talvez assim ela possa recordar suas origens e se dê conta de que pode voar.

– Você está louco, é um insensato, incapaz de se dar por vencido. Por acaso já não teve evidência bastante do absurdo dessa sua teoria, dessa estupidez de que "o espírito de uma águia nunca morre"?

O cientista não se defendeu, apenas agiu. Entrou novamente no galinheiro, pegou a águia e começou a caminhar com os olhos colados na montanha. O pastor, sem saber muito bem por que, vendo a noite que caía, pegou uma lanterna e os seguiu. Durante toda a noite, subiram pela montanha sem que o pesquisador atinasse muito bem no que fazer para despertar o espírito adormecido da águia. Quando chegaram ao pico onde a águia tinha nascido, começava a amanhecer. O cientista observou, então, algo curioso: a águia evitava olhar o sol. Decidiu agarrar o pescoço da ave e obrigou-se a encará-lo. Nesse exato momento, a águia fez movimentos estranhos, abriu as asas esplêndidas e se pôs a voar. Naquela manhã, a grande ave recordou quem era na realidade, recuperando sua verdadeira identidade de águia, não de galinha.

Uma águia não é melhor do que uma galinha, mas enxerga 82 vezes mais e, por isso, pode ver suas presas a dois quilômetros de distância. Além disso, uma águia é capaz de ver paisagens que uma galinha sequer seria capaz de imaginar. É certo que a vida de uma galinha é mais cômoda, porque a comida lhe é dada, enquanto a águia tem de caçar. Porém, o preço que se paga talvez seja muito alto: nem mais nem menos, o exercício da liberdade.

> O treinamento que verdadeiramente dá resultados não é o que nos ajuda a melhorar nossa falsa personalidade [...], mas sim aquele que nos auxilia a transcender e reencontrar quem realmente somos.

Com os seres humanos acontece algo muito parecido com o que se passou com a águia da história. Nós esquecemos quem somos realmente e adotamos uma nova identidade que, como não condiz com nossa realidade, sempre nos deixa com uma sensação de vazio interior, aconteça o que acontecer.

Para poder contornar essa sensação de que algo nos falta, tentamos enfeitar essa identidade que assumimos para que pareça mais valiosa e atraente. Por isso, tantas vezes sonhamos com essa pessoa que queríamos ser e com essa forma de ser que gostaríamos de possuir.

Nosso mundo pessoal e social está cheio de "deveria", "não deveria", "teria" e "não teria". Assim, alguém deveria ser cauteloso, e não deveria ser tão ingênuo. Além disso, teria de ser mais precavido, e não teria de ser tão confiante. Todas essas exigências têm perfeito sentido quando alguém contempla a si mesmo como imperfeito e incompleto, mas não têm nenhum sentido quando se compreende que o que está além da identidade aparente é uma essência cheia de inteligência, criatividade e amor, e que por sua própria natureza é perfeita, isto é, completa.

Por isso, o treinamento que verdadeiramente dá resultados não é o que nos ajuda a melhorar nossa falsa personalidade, para que sejamos como pensamos que deveríamos ser, mas sim aquele que nos auxilia a transcender e reencontrar quem realmente somos.

Conselho final

Você não tem de ser nada diferente do que já é, pois em sua essência você é perfeito, ou seja, completo. O que talvez precise é descobrir o que realmente existe por trás das palavras EU SOU.

8

As portas da percepção

O corpo e a psique não são duas entidades independentes. O mais provável é que constituam os dois modos do homem perceber a si mesmo, a partir de sua visão racional e dividida.

Durkheime

William Blake dizia que "se as portas da percepção fossem claras, tudo apareceria ao homem como realmente é: infinito; ver um mundo em um grão de areia e o paraíso em uma flor é ter o infinito na palma da mão e a eternidade em uma hora".

Não é fácil compreender que a realidade percebida por uma formiga não é a mesma que nós percebemos, ainda que a realidade, com seus obstáculos, suas leis e suas exigências, seja a mesma para todos. Assim, a lei da gravidade afeta a formiga da mesma maneira que nos afeta. A realidade percebida é esse espaço da realidade total que nós podemos captar, graças aos nossos cinco sentidos e aos processos cerebrais e corporais de que dispomos. As pombas percebem os campos magnéticos da Terra, enquanto os seres humanos têm de contar com certos instrumentos, caso contrário não podem captá-los. Os cachorros ouvem sons que não podemos sequer pressentir.

Antes de chegar ao nosso conhecimento, a informação captada pelos sentidos tem de percorrer um longo caminho, apesar de termos a impressão de tudo acontecer em um instante.

> Existem estados de ânimo que reúnem muitas vantagens competitivas e outros que são inúteis [...] e, ainda por cima, têm a capacidade de arruinar nossas relações pessoais.

Entre os fatores que mais alteram a percepção estão as emoções e os estados de ânimo. Primeiramente, precisamos diferenciar emoção e estado de ânimo. Umas das diferenças fundamentais é o fenômeno físico pelo qual se produz uma série de mudanças fisiológicas que afetam nossos hormônios, músculos e vísceras. No caso das emoções, essas mudanças têm uma duração limitada em minutos ou, quando muito, em horas. Digamos que, quando um elemento interno (um pensamento de angústia) ou externo (um insulto) surge, a reação emocional que se desencadeia pouco a pouco vai cedendo até voltarmos ao estado em que nos encontrávamos antes do pensamento ou do insulto acontecer.

Um estado de ânimo é algo muito mais prolongado, podendo durar dias, meses e mesmo anos. De alguma maneira, ficamos congelados em um tipo de emoção, chegando ao ponto de ficarmos identificados com ela, quase como se fosse parte do que somos. Portanto, *temos* emoções e *vivemos* em estados de ânimo.

Existem estados de ânimo que reúnem muitas vantagens competitivas, e outros que são inúteis e geram enorme sofrimento e perda de eficiência, além de arruinarem nossas relações pessoais.

A verdadeira importância de um estado de ânimo não está nos sentimentos que desperta nas pessoas, apesar disso ser relevante, sem dúvida. Sua verdadeira importância está na capacidade de, por si só, alterar profundamente a maneira como nosso cérebro e nosso corpo se comportam.

Existem estados de ânimo que geram saúde e vitalidade. Além disso, ajudam o desenvolvimento da inteligência e da criatividade. E favorecem a conexão entre as pessoas, a colaboração e o trabalho em equipe. Mas há estados de ânimo que fazem justamente o contrário: os que afetam individualmente as pessoas e coletivamente as famílias, as cidades e os países. Basta lembrarmos, por exemplo, do estado de ânimo que existia na Alemanha depois da Primeira Guerra Mundial, quando, além da enorme dívida econômica com os países vencedores do conflito, havia seis milhões de desempregados.

Para conseguir manter nossa atenção no que é relevante e poder ver as coisas com alguma perspectiva, precisamos que certas partes do cérebro estejam ativas. Isso implica, por parte dos neurônios que integram essas áreas, a necessidade de uma provisão extra de energia em forma de glicose e oxigênio. Pois bem, os estados de ânimo que são caracterizados pela esperança, pela confiança e pelo entusiasmo se associam a um aumento do fluxo sanguíneo na zona pré-frontal esquerda, enquanto os estados de ânimo marcados pela angústia, a desesperança ou a frustração mostram uma diminuição do fluxo sanguíneo nesse mesmo local. A zona pré-frontal esquerda é a chave para manter o equilíbrio pessoal e a estabilidade emocional. Graças a ela, podemos ver as coisas com maior perspectiva e claridade.

A realidade é como é. No entanto, dependendo de nossa capacidade para nos mantermos equilibrados, podemos viver em um espaço da realidade ou em outro, sem saber que temos como escolher.

Imaginemos, por exemplo, uma casa com vários cômodos nos quais estão acontecendo coisas diferentes. Em um deles, três pessoas estão brigando. Em outro, seis pessoas estão desenhando um projeto que pode lhes trazer grande prosperidade. Em um terceiro, há uma biblioteca magnífica e uma porta que dá para um precioso jardim.

A realidade é como o conjunto dessa casa, onde tudo acontece de modo simultâneo. O que ocorre é que os que estão em um determinado cômodo não sabem o que acontece nos demais, porém poderia estar em um deles. Nossos estados de ânimo "nos colocam", sem nos darmos conta disso, em um ou em outro dos "cômodos", dos espaços ou universos paralelos que a realidade nos oferece.

A pessoa que vive mal humorada estará na sala onde há gente brigando. A que se sente esperançosa e confiante vai conversar com outras pessoas e a encontros que geram abundância e prosperidade. A que busca a si mesma estará na biblioteca, lendo livros e buscando inspiração em diferentes autores. Chegará um momento no qual essa pessoa vai perceber da porta que sempre esteve ali, e que não leva a outro lugar, mas sim ao seu próprio ser, sua verdadeira essência, sua autêntica natureza.

Se não substituímos nossas reações automáticas por atitudes conscientes, não podemos afirmar que temos verdadeira liberdade interior.

Sei que é difícil não se sentir ferido quando alguém nos ataca, e que é igualmente complicado manter a alegria e a esperança no medo e na adiversidade. No entanto, ir recuperando pouco a pouco esse espaço que existe entre o que acontece comigo e a minha reação é absolutamente crucial. Se não substituímos nossas reações automáticas por atitudes conscientes, não podemos afirmar que temos verdadeira liberdade interior.

Nos capítulos seguintes, veremos estratégias para abrir esse espaço de liberdade e transcender os automatismos que só trazem pobreza e sofrimento para nós e para os que nos rodeiam.

Conselho final

Quando você vir uma pessoa, não olhe só para o ser humano que tem diante de si; perceba o estado de ânimo em que ela se encontra. Será muito difícil conectar-se com outra pessoa se, previamente, você e ela não se encontrarem em um estado de ânimo apropriado.

9

Perguntas que curam e perguntas que adoecem

O corpo segue a mente como a sombra segue a matéria

T.T. Liang

Nossa identidade impostora, aquela que quer se passar por quem somos, precisa estar no comando de nossas emoções, pois é assim que controla nossa percepção. É assim que ela consegue nos impor as "evidências" das quais depende para poder manter seu lugar de comando. Por exemplo, para ter uma personalidade depressiva, é preciso gerar uma percepção que anule tudo o que é belo e agradável na vida, tudo aquilo que seja iluminado e inspirador, e substituí-lo pelo desagradável e obscuro. Por isso, a pessoa deprimida não vê nada com esperança: sua percepção se encarrega de ver tudo de modo negativo.

Não é fácil para uma pessoa que sofre, e contagia os outros com seu sofrimento, abrir-se para a possibilidade de que é ela mesma, sem saber, quem provavelmente está gerando essas emoções ruins. É por isso que precisamos nos movimentar em dois planos, o das aparências e o da realidade; o plano daquilo de que somos conscientes e o plano do que somos inconscientes.

Pode ser, portanto, muito interessante saber como nossa identidade impostora se organiza para fabricar esses estados de ânimo que, por sua vez, alteram a forma de vermos as coisas.

Nossa identidade impostora comanda três coisas. A primeira é a atenção, da qual falamos anteriormente. Nossa identidade faz com que foquemos apenas no que ela quer, de modo a ficarmos cegos para o restante. Se eu, por exemplo, entro em uma sala e só vejo aquilo que me desagrada, não haverá espaço em minha mente para ver aquilo que me agrada.

Vamos fazer um pequeno exercício para entender isso com clareza. Vou pedir a você que, durante meio minuto, gire a cabeça para trás, da direita para a esquerda, e procure algo de cor amarela.

Suponho que, quando propus o exercício, você tenha tentado encontrar todos os objetos de cor amarela. Agora, gostaria de perguntar sobre os objetos de cor roxa. Se não viu nenhum, gire de novo a cabeça e, por favor, procure.

Nossa atenção é seletiva, e tende a só ver o que procuramos ativamente.

Vou dar outro exemplo. Se você for mulher e ficar grávida, se dará conta da quantidade de mulheres grávidas que começa a ver pela rua.

Se você está pensando em comprar um carro preto ou

vermelho, verá como começará a ver muitos carros da mesma cor. Esse fenômeno surpreendente acontece porque no cérebro há uma estrutura, chamada "sistema reticular ativador ascendente" (SRAA), cuja missão é direcionar a atenção para o que é mais relevante para nós. Nossa atenção é seletiva e, por isso, "quem procura, acha".

Uma das maneiras mais rápidas e eficientes de direcionar nossa atenção a um determinado lugar é por meio das perguntas. Toda pergunta é um convite para olhar em uma determinada direção. Talvez por isso Einstein dizia que o essencial não é encontrar respostas para velhas perguntas, mas sim fazer perguntas novas, perguntas nunca antes formuladas. Quando a ciência faz uma pergunta, ela tem em si a capacidade de abrir toda uma linha de investigação. Assim, o jovem Einstein, em uma ocasião em que andava de bicicleta, perguntou-se: "Se minha bicicleta alcançasse a velocidade da luz e eu acendesse o farol, ainda seria possível vê-la?". Ele refletiu durante dez anos. O resultado foi a fórmula da teoria da relatividade.

Se levarmos isso para nossa vida cotidiana, será possível ver o quanto nossas perguntas também são poderosas. Por exemplo, se diante de um erro cometido me pergunto "Por que faço tanta bobagem?", meu sistema reticular ativador ascendente procurará as causas de tal situação e responderá com afirmações do tipo "Sou um pouco limitado", "Não sei o suficiente", "É porque sempre estou sozinho". Pergunto, então, ao leitor: quando você se questiona desse modo, cria novas possibilidades de melhoria ou se afunda ainda mais?

Einstein dizia que o essencial não é encontrar a resposta para velhas perguntas, mas sim fazer perguntas novas, perguntas nunca antes formuladas.

O domínio do foco de atenção, como vimos, é algo tão importante que não podemos nos dar ao luxo de não treiná-lo. Para poder treinar essa competência, existem ao menos duas estratégias muito úteis e práticas.

A primeira consiste em colocar toda nossa atenção no que estamos fazendo o tempo todo. Seria como se aceitássemos que onde estamos e o que estamos realizando nesse exato momento é mais importante do que tudo, ou seja, que não queremos estar em outro lugar, nem fazendo outra coisa. Quando nos abrimos para o momento presente, quando o aceitamos, atuamos como se o houvéssemos elegido, então transcendemos nossos limites mentais e começamos a descobrir coisas que previamente estavam invisíveis ao nossos olhos.

No mundo da medicina, sabemos do imenso poder das perguntas na hora de combater uma enfermidade. Então, devemos estar bastante conscientes disso a fim de poder ajudar uma pessoa diagnosticada com algum problema sério de saúde. Quando o paciente é comunicado de sua doença, ele, com toda certeza, vai desejar estar longe dali e não ouvir o que estão dizendo. No entanto, quando aceita o momento presente e se reconcilia, ou seja, quando assume que a situação é essa, então pode se desfazer do peso do medo, da angústia, da ira, da frustração e da desesperança.

Eu, que por ser cirurgião, já tive muitas vezes de comunicar doenças sérias, entendo o choque e a devastação que algumas palavras produzem, mesmo quando ditas com grande carinho e proximidade. Porém, acredito que ficar paralisado em um estado de ânimo de angústia e desesperança é a pior posição a ser adotada para superar uma doença.

As pessoas ficam presas, durante semanas e meses, à pergunta recorrente "Por que eu?", gerando sem saber uma enorme tensão interna que acaba associada ao aumento da quantidade de *cortisol* no sangue. O cortisol é um hormônio gerado pelas glândulas suprarrenais, situadas sobre os rins. Enquanto os níveis de cortisol são normais e seguem os ritmos previstos, não há problema algum. No entanto, quando somos capturados por estados de ânimo como a ira, o medo ou a desesperança, os níveis de cortisol se elevam, entorpecendo o funcionamento do sistema imunológico, que é justamente o que nos protege das bactérias, vírus e tumores.

A pergunta "Por que eu?", para começar, não tem resposta e, além disso, não gera nada de valor. Sabemos que o corpo responde de uma maneira completamente diferente se as perguntas forem outras: "O que posso fazer para superar isso?", "O que pode haver de positivo no que está acontecendo?".

Além de motivar esse tipo de pergunta e manter os níveis normais de cortisol, os estados de ânimo também ajudam a encontrar um caminho de luta e recuperação. Se insistirmos nas perguntas, nosso sistema reticular ativador ascendente nos mostrará uma alternativa. O caminho para a cura pode permanecer desconhecido se não fizermos as perguntas certas.

Por outro lado, os estados de ânimo negativos geram danos cardiovasculares e digestivos, além de favorecerem a impotência e a infertilidade.

Abordaremos agora um tema relacionado aos estados de ânimo e à saúde que é da máxima atualidade, mas tão surpreendente que fica difícil de acreditar. O que você diria, caro leitor, se soubesse que os estados de ânimo também afetam nossos genes?

A dra. Elisabeth Blackburn – que recebeu um Nobel de Medicina e Fisiologia por seus estudos científicos – é uma das maiores autoridades mundiais no estudo dos *telômeros*. Os telômeros são estruturas que envolvem e protegem os cromossomos.

Como se sabe, possuímos estruturas chamadas cromossomos, que têm a forma de X. Nesses cromossomos está o DNA e as unidades funcionais do DNA, que se chamam genes. De um modo ou de outro, todos nós já ouvimos falar da importância que os genes têm em nossa vida, pois determinam tanto a cor de nossos olhos como a possibilidade de termos ou não uma determinada doença. Pois bem, cada extremo desse X, do cromossomo, está envolvido por um tipo de capuz que se chama telômero. A função do telômero é evitar que o cromossomo se deteriore, pois, se isso acontece, a vida do cromossomo é reduzida e, consequentemente, a pessoa envelhece mais rápido.

O verdadeiro encontro entre os seres humanos não só é um dos melhores antidepressivos que existem, como também prolonga a vida.

Os telômeros também se desgastam com o tempo, mas existe uma enzima que os revitaliza, a telomerase. Enzimas são substâncias que aceleram enormemente a velocidade de certas reações químicas nas células. A telomerase fica dentro do núcleo da célula, onde também estão os cromossomos, atuando para reparar os telômeros na medida em que vão enfraquecendo.

As pesquisas apontam níveis menores de telomerase entre as pessoas que estão presas a estados de ânimo ruins. Sendo assim, certas identidades impostoras geram estados de ânimo que prejudicam severamente a saúde, favorecendo o envelhecimento e predispondo à enfermidade.

Cabe notar que os indivíduos com uma rede de pessoas das quais gostam e que cuidam deles, um grupo que os apoia em momentos de grande dificuldade, não experimentam essa redução nos níveis de telomerase.

O verdadeiro encontro entre os seres humanos não só é um dos melhores antidepressivos que existem, como também prolonga a vida. Talvez conhecendo esses fatos, a comunicação possa retornar ao papel que nunca deveria ter perdido em nossas vidas.

Conselho final

Muitas vezes, o mais relevante não é distribuir conhecimentos ou dar explicações, mas sim fazer perguntas que permitam explorar coisas que sequer tínhamos cogitado.

10

As palavras criam realidade

Atrás da depressão está a agressão contra si mesmo.

Sigmund Freud

Há um segundo mecanismo pelo qual a identidade impostora pode alterar nosso estado de ânimo: a utilização da linguagem. A linguagem não só descreve, mas também cria nossa realidade. As palavras abrem "gavetas emocionais" de maneira rápida e automática. O tipo de "gaveta emocional" aberta depende das experiências que associamos a essas palavras.

O fato de a linguagem ter acesso a esse mundo emocional pessoal, íntimo e intransferível, faz muito sentido se compreendermos que todos nós usamos as palavras para interpretar o que nos acontece. Pouco a pouco, a configuração de nossa identidade, de nossa personalidade, se dá por meio de nossas interpretações e do valor que atribuímos ao que nos acontece. Desse modo, vamos criando certezas e convicções que se instalam em nível inconsciente e se convertem nos pontos de referência usados por nós na hora de determinar o significado que damos a alguns eventos.

Certa vez, convidaram-me para participar de um programa de televisão sobre liderança. Entre os convidados, estavam o presidente de uma organização, um conhecido psicólogo social e uma mulher, cuja profissão, por enquanto, não revelarei.

Antes de entrar no palco, propuseram-nos tomar um aperitivo, o que serviu para nos conhecermos. Ao escutar o perfil da mulher convidada, tive a sensação de que seria importante trocarmos algumas ideias prévias sobre o que entendíamos por líder, para chegarmos a um acordo e evitar algum contratempo. Sugeri o tema, mas ela me respondeu que expressaríamos nossas opiniões quando estivéssemos no palco.

Começou o programa, e a apresentadora, após comentar nossos currículos, perguntou primeiro ao presidente da companhia o que ele considerava um líder. O homem explicou seu conceito de líder empresarial. Até então, tudo ia bem e o programa transcorria de maneira fluída e natural.

Após a intervenção do primeiro convidado, foi a minha vez, e a apresentadora me perguntou a mesma coisa: o que eu entendia por líder. Comentei que, para mim, um líder era uma pessoa capaz de tirar o mais valioso de si mesmo e de inspirar os outros com seu exemplo.

Enquanto eu falava, também percebia como a outra convidada me observava, e como seu rosto ia se deformando enquanto todo o seu corpo se tensionava. De repente, ficou de pé e, em tom provocativo e fazendo uma série de gestos, começou a falar comigo como se, por um lado, eu a tivesse ofendido e, por outro, tivesse esquecido que estávamos na televisão.

– Isso não é um líder. Um líder é alguém que "lava" seu cérebro, manipula-o e escraviza-o. Isso sim é um líder, e não o que você está dizendo.

A apresentadora ficou quase sem fala, pega completamente de surpresa diante de uma reação tão inusitada.

Gostaria agora de perguntar ao leitor: qual era a profissão daquela mulher? Retornando ao que dissemos sobre as palavras terem a capacidade de abrir gavetas de experiências: a gaveta que deve ter sido aberta nela enquanto eu falava sobre o que entendia por um líder provavelmente lhe trouxe lembranças muito dolorosas.

Posso, enfim, revelar sua profissão: era a máxima autoridade do país em seitas. Todos sabemos do efeito devastador que certos "líderes" de seitas tiveram em seus seguidores.

A linguagem é tão potente que basta que uma pessoa mude, por exemplo, a frase "Isso é algo horrível" para "Isso é um inconveniente" a fim de que perceba, embora ligeiramente, uma mudança em seu mundo emocional. Recordemos que, aparentemente, as palavras são simples signos que se correspondem com sons, mas que, na realidade, são conexões diretas com mundos emocionais pessoais, íntimos e intransferíveis.

Chamamos "linguagem transformacional" aquela que tem por si mesma a capacidade de afetar as emoções e os estados de ânimo. Nesse sentido, são fascinantes alguns dos estudos científicos feitos para medir o impacto que as palavras têm em nossa própria fisiologia, em nosso corpo.

Em um hospital dos Estados Unidos, reuniram um grupo de voluntários e disseram a eles uma série de palavras negativas; depois, pediram que as lessem durante alguns minutos, projetadas em uma parede. Entre essas palavras poderiam estar, por exemplo, *impossível*, *complexo*, *insuperável*, *perigoso*, *desagradável* ou *atemorizador*. A seguir, recolheram amostras de saliva para medir os hormônios com a técnica de radioimunoensaio.

A segunda parte do experimento consistia em mudar as palavras que apareciam projetadas na tela por outras de sentido bem mais positivo. Entre elas poderiam estar *possível*, *acessível*, *superável*, *capaz* ou *valioso*. Depois, pegaram uma nova amostra de saliva.

Os resultados foram bastante interessantes, já que, no primeiro exercício, o grupo apresentou um aumento considerável de cortisol, enquanto no segundo, diante das palavras mais positivas, o mesmo grupo de voluntários apresentou uma queda nas taxas de cortisol.

Sabendo como o cortisol está associado a mudanças muito profundas no funcionamento do cérebro e do corpo, não podemos seguir ignorando o fato de que continuar a usar, de vez em quando, palavras cheias de negatividade não nos ajuda a resolver os problemas que essas mesmas palavras descrevem; ao contrário, acaba tornando-os ainda mais difíceis. Não estou falando de eliminar as palavras negativas de nosso vocabulário, mas sim de tentar modular o vocabulário que utilizamos. Por exemplo, não tem o mesmo efeito uma pessoa dizer que algo é improvável e dizer que é impossível.

Como toda experiência é a integração de um fato, uma emoção e um juízo de valor, alteramos nossas lembranças de experiências quando mudamos a maneira de interpretarmos o que nos acontece.

Lembremos que as palavras têm o enorme poder de afetar o tipo de experiência que criamos.

Há alguns anos, psicólogos e psiquiatras dos Estados Unidos fizeram uma advertência muito séria para familiares de mulheres violentadas. A equipe médica descobriu que um evento tão duro, com tamanha carga emocional, poderia deixar muitas marcas na vida dessas mulheres, e tudo poderia piorar se os familiares mais diretos cometessem alguma grosseria, ainda que sem querer, quando fossem visitá-las no hospital ou na delegacia. Com frequência, esses familiares, além de tentarem consolar a vítima da violação, acrescentavam comentários como "Bem que eu falei para você não andar sozinha por ruas escuras", "Nós avisamos que esse rapaz não parecia boa coisa" ou "Você é muito ingênua, quantas vezes dissemos para não confiar em ninguém?".

Sabendo da composição da lembrança e da importância das interpretações, podemos entender que, além do acontecimento violento, das emoções e dos julgamentos que essas mulheres já tinham sofrido, esse tipo de comentário fazia surgir novos juízos de valor, como "Sou mesmo uma estúpida", "Sou uma ingênua" ou "Não faço nada certo". Esses julgamentos podem gerar experiências muito intensas de culpa e vergonha, que reforçam ainda mais a sensação de diminuição e limitação.

Por isso, foi sugerido aos familiares que controlassem o desejo de doutrinar e mudassem sua mensagem, de maneira que as vítimas de tão dolorosa experiência, longe de sentirem desprezo por si mesmas, sentissem apreço. Foi então que começaram a aparecer comentários como "Que coragem você mostrou. Apesar do que passou, pediu ajuda" ou "Você demonstrou muita força e está demonstrando tanta firmeza que vai superar isso, sem dúvida".

Vale lembrar que as palavras possuem um enorme poder de afetar o tipo de experiência que criamos. Esse tipo de julgamento teve a capacidade de alterar a lembrança, apesar de não ter mudado o evento, o fato em si.

Há um relato muito sugestivo, de origem japonesa, que nos faz pensar no extraordinário poder das palavras e em sua capacidade de alterar nossas emoções:

> Havia um samurai muito hábil com a espada, mas ao mesmo tempo muito soberbo e arrogante. Por algum motivo, ele só se "achava importante" quando matava o adversário durante um combate e, por isso, buscava continuamente ocasiões para desafiar qualquer um, diante da mínima afronta. Era dessa maneira que o samurai mantinha sua ideia, seu conceito sobre si mesmo, sua férrea identidade. Em certa ocasião, esse homem chegou a um povoado e viu que as pessoas iam em massa na mesma direção.

O samurai parou alguém de supetão e perguntou:
– Aonde vão todos com tanta pressa?
– Nobre guerreiro – respondeu o homem que, provavelmente, começou a temer por sua vida –, vamos ouvir o mestre Wei.
– Quem é esse Wei?
– Como é possível que não o conheça? Mestre Wei é conhecido em toda a região!
O samurai se sentiu estúpido diante daquele aldeão e observou o respeito que o homem nutria por esse mestre Wei, enquanto não parecia sentir o mesmo por um samurai como ele. Então, decidiu que naquele dia sua fama superaria a de Wei. Por isso, seguiu a multidão, até que chegaram a um lugar enorme, onde o mestre Wei iria proferir seus ensinamentos.
O mestre Wei era um homem idoso e de baixa estatura e, por isso, o samurai imediatamente sentiu grande desprezo e ira.
Wei começou a falar:
– Na vida há muitas armas poderosas usadas pelo homem e, no entanto, para mim, a mais poderosa de todas é a palavra.
Quando o samurai ouviu aquilo, não pôde se conter e exclamou no meio da multidão:
– Só um velho estúpido como você pode fazer semelhante comentário.
Então, sacando sua *katana* [espada samurai] e agitando-a no ar, prosseguiu.
– Esta sim é uma arma poderosa, e não suas estúpidas palavras.

Então Wei, olhando-o nos olhos, respondeu:

– É normal que alguém como você faça esse comentário; é fácil ver que não é mais do que um bastardo, um bruto sem nenhuma formação, um ser sem nenhuma luz e uma verdadeira besta.

Quando o samurai escutou essas palavras, seu rosto se enrijeceu. Com o corpo tenso e a mente fora de si, começou a se aproximar de onde Wei estava.

– Ancião, despeça-se de sua vida porque hoje chegou o seu fim.

Então, de forma inesperada, Wei começou a se desculpar:

– Perdoe-me, grande senhor, sou só um homem velho e cansado, alguém que, por causa da idade, pode cometer os mais graves dos deslizes. Saberás perdoar com teu nobre coração de guerreiro a este tonto que, em sua loucura, pôde te ofender?

O samurai parou subitamente e respondeu:

– Naturalmente que sim, nobre mestre Wei, aceito suas desculpas.

Naquele momento, Wei olhou diretamente nos olhos do guerreiro e disse:

– Meu amigo, diga-me: são ou não poderosas as palavras?

O relato mostra que, naquele momento, o samurai compreendeu como "simples" palavras tiveram mais capacidade de afetá-lo do que muitos de seus oponentes anteriores, como as palavras tinham tido o poder de devolvê-lo a um estado de equilíbrio e serenidade como há muito tempo não conhecia. Naquele momento, algo em seu interior começou a se transformar.

Sejamos, por isso, muito cuidadosos com o tipo de palavras que usamos, e com o tipo de julgamento que criamos, para evitar que nossos próprios juízos de valor nos roubem o poder pessoal e gerem sofrimento desnecessário.

Conselho final

As palavras não são levadas com o vento; ao contrário, elas criam realidades. Busque palavras para ajudar, e não para anular. Talvez se surpreenda com o que vai começar a acontecer.

11

Espere vitória e conquistará vitória

> Estamos acorrentados à forma de nos mover, à forma de pensar e à forma de perceber e sentir: somos escravos de nossos automatismos.
>
> **F. M. Alexander**

O terceiro elemento que nossa identidade deve acessar é nosso corpo, nossa fisiologia. Dado que não poderiam existir emoções nem estados de ânimo se não tivéssemos um corpo, o acesso direto a ele produz de forma muito rápida uma mudança emocional. As emoções podem ser acessadas de várias maneiras através do corpo.

A primeira delas é a postura, o nível de tensão muscular e a maneira de nos mover. Estamos tão acostumados a pensar que tudo é controlado a partir da cabeça e por meio do pensamento que, muitas vezes, não acreditamos que uma simples mudança na postura ou na forma de nos movermos possa ter um impacto tão grande em nossa maneira de sentir, perceber e raciocinar.

Se você faz exercício físico, talvez já tinha vivido a seguinte experiência: depois de um dia complicado com gente de comportamento difícil e reuniões intermináveis, sentiu-se sem energia, esgotado física e mentalmente. Acabou por dedicar certo tempo refletindo sobre os acontecimentos, pensou e pensou sobre eles, não notou nem mais clareza nem menos tensão e, com certeza, seu nível de esgotamento não mudou. Então, decidiu calçar seus tênis, vestir uma roupa confortável e começar a correr. Em princípio, os pensamentos lhe bombardearam, mas chegou um momento em que começaram a parar e você ficou mais focado no que estava fazendo: correr. Não surpreende que quando parou de correr se sentiu com muito mais energia e clareza, menos tenso e mais capaz de ver os acontecimentos sob outra perspectiva.

É curioso que o corpo seja capaz de resolver o que a cabeça, por mais que tenha tentado, não consegue. Para se ter uma ideia da importância de movimentar o corpo, de caminhar rápido ou de fazer qualquer exercício, basta saber que isso está associado a uma redução da morte prematura e produz o aumento da geração de neurônios nas áreas cerebrais que são necessárias para levar a cabo novas aprendizagens. Além disso, essa região, chamada hipocampo, é muito importante para regular os núcleos amigdalianos que se encontram no cérebro, bem na frente do hipocampo, e desencadeiam reações de pânico e de ira. Não é verdade que quando alguém muda sua vida sedentária para uma de maior mobilidade sente que se altera menos diante de acontecimentos que poderíamos chamar de negativos? Isso acontece porque o hipocampo modula as amígdalas para que não se ativem frente aos pequenos estímulos.

A importância da postura frente a aspectos que aparentemente não têm nenhuma relação com o emocional é conhecida na prática da ioga e outras técnicas. No Ocidente, provavelmente foi Matthias Alexander a pessoa que mais contribuiu para essa fundamental questão de nossa fisiologia.

Frederick Matthias Alexander nasceu em 1869, na Tasmânia (Austrália), e se tornou um ator especializado em Shakespeare. Em dado momento, Alexander começou a experimentar um problema muito sério com sua voz. No meio da representação teatral, ficava mudo. Podemos imaginar o que significa para um ator perder a voz.

Alexander consultou vários médicos especialistas, mas nenhum foi capaz de descobrir a causa de seu problema, muito menos de indicar uma solução, mesmo que paliativa. Diante disso, esse homem excepcional, no lugar de abandonar o palco ou se desesperar, começou a pesquisar para encontrar uma resposta à pergunta "O que está acontecendo comigo?".

A primeira coisa que percebeu, usando espelhos, foi que seu sistema de referência sensorial não funcionava corretamente. Quando ele tinha a sensação de que virava a cabeça em uma posição, ao passar em frente ao espelho se dava conta de que a cabeça estava mais para frente ou mais para trás do que pensava.

Sua segunda grande descoberta foi a de que o corpo tem seus próprios sistemas de autocorreção, mas nós os bloqueamos com uma série de padrões mentais e automatismos que se refletem na maneira como usamos nosso corpo. Para Alexander, se evitamos ações disfuncionais, simplesmente nos dando conta disso e corrigindo, só aparecerá o que é funcional. Portanto, para ele, a chave era primeiro ser consciente, depois inibir a reação incorreta e, finalmente, agir corretamente.

Toda mudança pessoal importante requer passos semelhantes. Primeiro, passar da incompetência inconsciente à incompetência consciente. Isso implica uma elevação do nível de consciência, isto é, da capacidade de nos darmos conta de algo sobre o que antes não tínhamos conhecimento.

O segundo passo é o da incompetência consciente à competência consciente. Aqui, precisamos é usar nossa força de vontade e nosso compromisso para fazer o que decidimos fazer, embora nos custe. Essa é uma fase muito dura, porque você deve estar em luta permanente para evitar que os velhos automatismos permaneçam.

O terceiro e último passo é o da competência consciente para a competência inconsciente, isto é, a criação de um hábito mais benéfico e saudável.

Negar-se a seguir a reação mecânica leva, pouco a pouco, à manifestação de uma resposta mais natural. De alguma maneira, a ação correta não surgirá até que deixemos de fazer o incorreto.

Muitos hábitos fecham portas, e o que temos de fazer para abri-las é prestar mais atenção ao que fazemos.

Alexander era consciente de que o modo como usamos nós mesmos afeta nossos estados de ânimo, e que aprender a sentar-se de maneira correta, mover-se de maneira adequada e falar mantendo a cabeça em uma posição equilibrada têm repercussões não só em como você se sente, mas em seu nível de clareza mental e na potência de sua voz.

O ator dava mais importância à direção a ser seguida do que ao destino em si. Conscientes de que muitos de nossos hábitos estão arraigados, é essencial termos claro para onde queremos ir sem nos importar com o custo. O correto, pouco a pouco, vai aparecendo, e nossa missão é simplesmente não nos intrometer. Somente a confiança e a certeza de que a mudança vai se produzir mais cedo ou mais tarde é que fazem com que as pessoas não desistam.

Muitos hábitos fecham portas, e o que temos de fazer para abri-las é prestar mais atenção ao que fazemos. Trata-se de uma atenção que não julga, pois o que se busca nesse caso é simplesmente potencializar a capacidade de observar.

Alexander nos convida a dar muito mais liberdade ao nosso pescoço, a libertar parte de sua grande rigidez. Também nos anima a deixar que o tronco se alongue e se expanda, soltando as posturas contraídas e restritivas.

Eles não só recuperou e potencializou sua voz como ator, mas também ajudou muitas pessoas pelo mundo a recuperar funcionalidades que tinham perdido.

Métodos como a ioga, o tai-chi e o qi gong são potentes e efetivos porque também nos ajudam a harmonizar e equilibrar nossa mente por meio do corpo. Todos eles, há milhares de anos, vêm revelando algo fascinante: o corpo possui uma sabedoria que o pensamento não consegue compreender.

Conselho final

O corpo é o inconsciente e, por isso, quando você cuida de seu corpo, cuida de sua mente, e quando cuida de sua mente, também cuida de seu corpo.

12

O fôlego da vida

> Ninguém vê realmente uma flor – é tão pequena que não temos tempo, e ver requer tempo.
>
> **Georgia O' Keefe**

Não podemos falar do impacto da postura e do movimento do corpo nos estados de ânimo sem também falar de outra coisa que possui grande relevância em nosso mundo emocional. Refiro-me à respiração, algo aparentemente tão básico que mal prestamos atenção.

O começo da respiração, quando nascemos, inaugura nossa entrada no mundo. Seu fim marca nossa saída dele e nossa partida para uma nova dimensão.

Se ficarmos atentos às mudanças em nossa respiração, nos daremos conta imediatamente de que elas nos informam sobre mudanças mentais e emocionais. A depressão tem sua própria forma de constranger a respiração, limitando o movimento do diafragma. A ansiedade gera um padrão respiratório rápido e superficial, que aumenta os níveis de ácido lático no sangue, os quais, por sua vez, geram maior grau de ansiedade.

Os exercícios de respiração são muito importantes para ajudar a nos desprender dessas amarras emocionais que desenvolvemos ao longo dos anos. Músicos e atores, antes de entrar em cena, asseguram-se de que dispõem de alguns minutos para fazer uma série de respirações profundas com o objetivo de conseguir mais serenidade.

Voltar a um padrão de respiração tranquilo e abdominal tem um poderoso efeito calmante e, por isso, é tão prático em situações complicadas, como na sala de cirurgia, em um imprevisto na rua ou quando estamos em casa e acontece algo que pode tirar nosso ponto de equilíbrio.

Os exercícios de respiração são muito importantes para ajudar a nos desprender dessas amarras emocionais que desenvolvemos ao longo dos anos.

Além de seu impacto fisiológico, a respiração é de enorme utilidade para cultivar essa faculdade da qual falamos tantas vezes: a capacidade de nos concentrar e prestar atenção. Se simplesmente fechamos os olhos por alguns minutos e nos concentramos nos movimentos da respiração, inclusive contando-os, experimentamos alguns momentos agradáveis de calma, paz e serenidade. O simples fato de parar os pensamentos perturbadores, que com tanta frequência invadem nossa consciência, tem um claro efeito saudável, porque reduz nossa tensão interior e produz relaxamento corporal.

Se você tem problemas para dormir, sugiro que faça o seguinte exercício, e verá como, ao conseguir relaxar seu corpo, acaba relaxando sua mente até finalmente.

Primeiro, comece a prestar atenção nos movimentos suaves da respiração. Depois, imagine que o ar se movimenta do umbigo até a parte da coluna vertebral que fica na mesma altura do umbigo. Isto é, imagine que o ar entra pelo umbigo e chega até a parte baixa das costas e, depois, quando você expira, segue no sentido contrário.

Após contar aproximadamente quinze inspirações e quinze expirações, faça o mesmo, mas na altura do coração. O ar entra, imaginariamente, pela parte anterior do peito e chega até a parte da coluna vertebral situada na mesma altura. É como se houvesse um túnel que comunicasse a parte anterior do corpo com a parte posterior. Depois, durante a expiração, inverta o movimento, e o ar entra por trás e sai pela frente, na altura do coração. Também conte mais ou menos quinze inspirações e quinze expirações.

O último exercício respiratório acontece à altura do pescoço. O ar entra à altura da laringe e sai pela parte posterior do pescoço. Ao expirar, passa pela parte posterior do pescoço e sai pela parte anterior, na altura da laringe. Conte quinze inspirações e quinze expirações.

Não se angustie pensando se dormirá ou não, pois, mesmo que não durma, o que é pouco provável, esse exercício por si só é muito benéfico.

Recuperar o sono é essencial. A sociedade em que vivemos está experimentando uma grande privação de sono, e isso pode ter sérios efeitos em nossos níveis de eficiência e de saúde. Os adultos precisam dormir uma média de sete a oito horas por dia; já as crianças precisam de mais.

Acostumar-se a dormir menos não quer dizer de forma alguma que o corpo, mais cedo ou mais tarde, não vai se ressentir. O sono é muito importante para a memória, pois age na integração das experiências de cada dia com o resto dos registros que temos armazenado no cérebro.

Durante o sono, o sistema imunológico que nos defende de bactérias, vírus e tumores é especialmente ativo na patrulha e na destruição de agentes nocivos que eventualmente se introduzam em nosso corpo.

Quando, como é habitual, não dormimos o número suficiente de horas, o sistema de alarme do corpo se ativa imediatamente. Com isso, nossos níveis de energia, vitalidade e clareza mental se ressentem. É um absurdo pensar que "dormiremos bastante quando morrermos".

Comentários como esse revelam uma profunda ignorância sobre o modo como nosso organismo funciona. Enquanto encararmos nossas horas de sono como uma despesa e não como um investimento, nunca daremos prioridade a esse aspecto da vida. Quanto menos se dorme, menor o rendimento,o que leva a mais horas de trabalho, a reduzindo ainda mais as horas de sono. Ao final, ficamos presos em um círculo vicioso do qual não é fácil sair.

> Durante o sono, o sistema imunológico [...] é especialmente ativo na patrulha e na destruição de agentes nocivos que eventualmente se introduzam em nosso corpo.

Finalmente, fechar os olhos de dez a vinte minutos após a refeição tem um efeito benéfico demonstrado por vários estudos. Melhora o estado de ânimo, a capacidade de concentração, a eficiência e a saúde. Por outro lado, ver filmes de terror à noite ou ouvir notícias desagradáveis antes de se deitar, segundo alguns estudos, tem um impacto negativo no processo do sono.

Também gostaria de ressaltar um aspecto muito importante do sono no que diz respeito às crianças. O hormônio do crescimento, chamado GH, tem um pico de liberação à meia-noite. As crianças em fase de crescimento que passam parte da noite vendo televisão podem ter seu crescimento reduzido por uma menor liberação desse hormônio.

Recuperar o valor das horas de sono em nossa vida é algo que compete a cada um de nós, porque, no que se refere a isso, a sociedade vai na direção contrária do que é adequado para a saúde.

Conselho final

Quando você se sentir tenso ou confuso, lembre-se que a primeira coisa a fazer para se sentir sereno e confiante é tomar o controle da respiração. É o passo mais certeiro, rápido e eficiente para novamente alcançar um estado de equilíbrio.

13

O cérebro celular

O amor não é amor se se altera quando há uma alteração.

Shakespeare

É grande a expectativa em torno das novas descobertas sobre o genoma humano, especialmente depois que os pesquisadores Watson e Crick descreveram o DNA e a maneira pela qual sua sequência determina a criação das proteínas, que acabam convertendo-se, de algum modo, em quem somos.

Parecia lógico imaginar que o "cérebro celular" fosse o núcleo da célula, pois é ali, no interior do núcleo, que fica o DNA. No entanto, permita-me o leitor que faça uma pergunta: o cérebro *decide* ou *executa*? Embora a resposta não seja tão simples como parece, a princípio poderíamos, talvez, considera que o cérebro fundamentalmente decide o que os outros órgãos vão executar. Pois bem, se fosse assim, o "cérebro celular" não se encontraria no núcleo da célula, ainda que tenha em seu interior o DNA.

O DNA executa uma série de ordens a fim de que alguns dos genes, que são unidades funcionais do DNA, se ativem ou não. Mas nem os gêmeos homozigóticos, que compartilham exatamente a mesma sequência de DNA, desenvolvem o mesmo caráter ou sofrem das mesmas doenças. Há algo além, que durante muito tempo, de alguma maneira, nos escapou.

Ao redor do citoplasma da célula, onde se encontram, entre outras, a "central energética" chamada mitocôndria e a "fábrica de proteínas", que é o retículo endoplasmático, existe a membrana celular. Para descrever a importância da membrana para a vida da célula, basta dizer que pode-se retirar o núcleo de uma célula sem que ela morra (claro que não poderá sintetizar novas proteínas nem se reproduzir em duas células filhas, mas viverá ainda por muitos dias). Mas se retirarmos a membrana da célula, ela morre imediatamente.

Hoje, está cada vez mais claro que o verdadeiro "cérebro" da célula não está no núcleo, mas sim na membrana. É a membrana que fica em contato com todas as substâncias químicas que viajam pelo sangue, incluindo as chamadas "moléculas da emoção", e os elementos que penetram no corpo vindos do meio externo. É a membrana da célula, com seus múltiplos receptores ou portas de entrada, que se revela imensamente sensível ao meio químico em que vive. Existem moléculas que, apesar de atuarem indiretamente por meio da membrana e não possuírem uma ação direta sobre o núcleo, fazem com que certos genes se expressem (isto é, se ativem) ou não. Esse dado tem uma relevância enorme, como já visto, pois aponta de forma clara a possibilidade de as pessoas, dependendo do seu estado de ânimo habitual, favorecerem a expressão de certos genes, e não de outros.

Torna-se claro que, se a medicina pode ajudar muita gente a combater as doenças, temos como contribuir na hora de evitar que uma doença surja, e também muito a colaborar na hora da combatê-la, quando a enfermidade já é uma realidade. Por isso, as pessoas mais positivas têm mais possibilidades de cura.

Quando uma pessoa se acostuma a viver presa a uma determinada personalidade, também fica condenada a viver em uma espécie de caixa, uma verdadeira prisão.

Precisamos, agora, dar um salto para conceitos de outra natureza, a fim de entender certas coisas que, de outra maneira, poderiam ser incompreensíveis. Quando uma pessoa se acostuma a viver presa a uma determinada personalidade, também fica condenada a viver em uma espécie de caixa, uma verdadeira prisão, sem se dar conta dessa situação.

Esse "lugar", que nos é tão familiar e chamamos de "zona de conforto", é profundamente limitante, pois nos priva do que já comentamos em tantas ocasiões: a nossa liberdade interior. Dentro dessa zona, nos acostumamos a pensar e sentir de certa maneira e a ter em nosso sangue uma química determinada, ao dar vazão a emoções que são somente o reflexo de uma forma estabelecida de pensar e sentir.

Há pessoas que reagem imediatamente com ira diante da mínima provocação. Há outras que experimentam profundos sentimentos de culpa cada vez que acontece algo doloroso, embora não tenham nada a ver diretamente com a situação. É importante saber que muitas dessas emoções nada mais são do que padrões automáticos de resposta, puros automatismos que reforçamos ao longo dos anos.

Gostaria, agora, que o leitor imaginasse as células de um corpo humano continuamente submetidas a essa tempestade de hormônios relacionados à sua ira ou culpa. A membrana precisará desenvolver um maior número de receptores, de portas de entrada, diante da chegada de tantas moléculas. É como se a própria célula se acomodasse a esse meio químico e, dessa maneira, se convertesse em uma célula com sentimentos de ira ou de culpa. Não há dúvida de que isso pode ter uma repercussão no modo de funcionamento dessa célula, nos genes que irão ser "acordados" e nos que não irão.

Os automatismos não são fáceis de serem interrompidos, pois não só formam canais preferenciais no cérebro, como também nas células. Por isso, certos tipos de estímulos encontram uma ressonância ou um eco tão forte em cada recanto do corpo.

Felizmente, a membrana das células é plástica e maleável como os circuitos do cérebro. Elas se reproduzem e, se detectarem que o meio químico em que vivem mudou, responderão alterando sua função. Estou convencido de que as mudanças físicas e as curas vistas em muitas pessoas, após terem modificado certos esquemas de pensamento, estão relacionadas a essa transformação na resposta celular. Por isso é importante considerar o impacto que a ampliação de nossa identidade, ao deixar de ser tão estreita e limitada, pode ter em nossa saúde e vitalidade.

> As pessoas, com algumas mudanças nutricionais, podem melhorar muito seu estado depressivo. [...] As que aprendem e praticam certas técnicas respiratórias mantêm estados de ânimo bem mais positivos do que as que não o fazem.

Se nossas células ficarem submersas durante muito tempo em um meio químico formado por certas "moléculas de emoção passam a precisar, de alguma maneira, da presença dessas moléculas em seu meio ambiente. O corpo, de algum modo, exige sua "dose" de certo hormônio e faz o cérebro saber disso por meio dos "mapas dos sentimentos". Estamos falando, portanto, de uma forma de "vício".

Forma-se assim um círculo vicioso, no qual, inicialmente, um esquema de pensamento gera alguns sentimentos que liberam certas moléculas, as quais atuam sobre as células, produzindo mudanças em sua membrana. Depois, a célula acostumada a essas mudanças "exige" que o cérebro volte, periodicamente, a liberar o mesmo tipo de substância. Isso também poderia servir para explicar por que certas mudanças na nutrição, o exercício físico e a forma de respirar podem afetar a maneira da pessoa pensar, sentir e perceber. Todos esses fatores que acabamos de nomear teriam a capacidade de alterar o meio químico no qual a célula se encontra. Isso levaria a transformações na membrana e no funcionamento celular. A partir desse momento, tais células desenvolveriam alguma resistência, e o cérebro voltaria a alterar as moléculas que predominam em seu meio.

Há pessoas, por exemplo, que, com algumas mudanças na nutrição, podem melhorar muito seu estado depressivo.

Aqueles que fazem exercícios físicos regularmente sabem que são menos propícios a experimentar sentimentos de ira ou de angústia do que aqueles que levam uma vida completamente sedentária. As pessoas que aprendem e praticam certas técnicas respiratórias mantêm estados de ânimo bem mais positivos do que as que não o fazem.

Fica mais fácil entender por que percebemos tanta resistência quando queremos encerrar um desses padrões automáticos de resposta. É por isso que temos de desenvolver muita paciência conosco e com os demais, no que se refere aos processos de mudança.

Conselho final

Quando você tem uma reação que não lhe agrada, não se julgue nem se critique duramente, porque isso não o levará a mudar. Exercite a compaixão com você mesmo. Seja firme, mas não seja duro. Não chore o leite derramado. Apontar com um dedo acusatório não lhe ajudará a ser uma pessoa melhor. Substitua a vergonha e a culpa pelo exercício da responsabilidade.

14

Aprender a se perdoar

Para que surja o possível, de vez em quando é necessário tentar o impossível.

Hermann Hesse

Quantas vezes temos a sensação de que muitas de nossas reações diante de uma determinada circunstância ou situação não tem nada a ver com o que gostaríamos de ter sentido ou feito. Depois de gritar, bater portas ou dizer o que nunca deveria ser dito, costumamos ser tomados por sentimentos de tristeza, desesperança e, inclusive, raiva de nós mesmos. A voz de nosso crítico interior ressoa uma e outra vez em nossas cabeças e, entorpecidos, toleramos, talvez convencidos de que só o autocastigo nos fará mudar. Infelizmente, os anos passam e, salvo exceções, quando a situação se repete, reagimos da mesma maneira. Assim como a água acaba furando a pedra, a sensação de que "tudo continua igual" vai enfraquecendo nossa moral, até concluirmos que não podemos mudar.

Muitas pessoas conscientemente acreditam que podem mudar mas, inconscientemente, a maior parte delas não acredita que tal mudança seja realmente possível.

O que torna tão difícil mudar certos aspectos de nossa personalidade? É que, na verdade, não queremos mudá-los, embora pensemos que sim. De fato, como sabemos, nossas reações automáticas são padrões de resposta que criamos quando tínhamos certa idade e estávamos em um determinado nível de consciência. Nós as criamos para evitar a dor e suprir nossas necessidades.

Esses padrões de resposta não são simples ideias, mas autênticas redes neuronais que envolvem o corpo. Por isso, quando tais padrões são ativados, não apenas nos ocorre uma série de pensamentos específicos, mas também experimentamos certos sentimentos enquanto nosso corpo responde de uma maneira determinada. Já vimos que até as células estão ligadas a esse padrão de resposta.

Existe uma história preciosa sobre um homem que estava morrendo. Junto dele estava seu mestre, uma pessoa que atuara como seu mentor durante muitos anos. Graças a seus ensinamentos, havia progredido em sabedoria e amor. Sua vida deu uma virada no momento em que o conheceu, pois foi agraciado com várias revelações. Como consequência dessa transformação, o homem se tornou um benfeitor, mas, mesmo assim, não conseguia afastar de seu coração uma tremenda tristeza, que o tomava por completo nesses momentos finais da vida.

– O que você tem? – perguntou-lhe o mestre.

– Mestre, estou sentindo uma tristeza enorme.

– Será que não é o medo da morte?

– Não, mestre, não tenho medo de morrer, porque graças ao senhor compreendi o real sentido da morte: um verdadeiro renascer.

– Então, o que é?

– Mestre, não posso me perdoar por todo o mal que fiz antes de conhecê-lo. Nem todo o bem que possa ter feito nesses anos em que permaneci ao seu lado pode afastar de meu coração as nuvens da tristeza e da amargura.

O mestre, então, conduziu seu discípulo em um sonho profundo, no qual via um menino no meio de um museu. O lugar estava cheio de obras de valor excepcional: quadros, esculturas e peças de ouro extraordinárias. Em um canto havia um pincel, um balde com tinta preta e um martelo. O menino se aproximou, pegou o pincel e o balde de tinta e começou a pintar por cima dos quadros, até ficarem irreconhecíveis. Depois, apanhou o martelo e golpeou as esculturas, até que ficassem completamente mutiladas. Finalmente, o menino se divertiu vendo como as maravilhosas peças de ouro se quebravam em mil fragmentos ao cair no chão. Então, o mestre acordou seu discípulo e disse:

– Não se discute que o menino de seu sonho causou um enorme estrago e, no entanto, o dano não foi causado por sua maldade, mas sim por sua ignorância. É possível repudiar seus atos e sofrer pelo que ele fez, mas também

é possível perdoar sua ignorância. Por que não faz isso com você mesmo?
Naquele momento, o discípulo compreendeu e, ao perdoar-se, encontrou enfim a paz interior.

Precisamos de grandes doses de autocompaixão para nos conectar com esse sofrimento que causamos aos outros e que, também, experimentamos em nós mesmos. Só poderemos aprender a valorizar as coisas de uma perspectiva diferente quando compreendermos que nosso coração não aninha a maldade nem a incapacidade, mas sim a mais completa cegueira. Por isso, aprender a se perdoar é um passo imprescindível para curar as feridas de nossa alma.

Todas essas feridas deixam rastros em nossa memória. Hoje, graças à pesquisa científica, sabemos que a memória, em sua enorme complexidade, não armazena unicamente a lembrança de acontecimentos, mas também guarda sensações, emoções, experiências e vivências.

Aprender a perdoar a si mesmo é um passo imprescindível para curar as feridas de nossa alma.

São nossas interpretações e juízos de valor que dão espaço para muitas das emoções que experimentamos. Por isso, uma pessoa capaz de interpretar um evento difícil de sua vida sob a luz de uma consciência mais elevada alterará seu passado a partir do presente. Por exemplo, é muito diferente interpretar que não me demonstram afeto porque não tenho valor, do que interpretar que não me demonstram afeto porque não me conhecem realmente. O passado não é algo rígido e imutável, mas tremendamente maleável. Se o percebemos rígido e imutável é porque sempre o avaliamos da mesma perspectiva, com os mesmos parâmetros.

Talvez ficarmos agarrados ao passado possa dar a sensação de uma identidade sólida. Porém, pagamos um preço muito alto por isso, pois entre outras coisas, quando olhamos para o futuro, é nosso passado que está lá. Como vamos aspirar a certos ideais e a determinados horizontes se não são acessíveis a partir da visão limitada que geramos sobre nós mesmos? Somos nós que, a cada dia, temos um encontro com o destino e, por isso, são nossas resoluções e ações que podem nos guiar a um lugar ou a outro.

Conselho final

Não se esqueça de que entre todo acontecimento e sua resposta emocional haverá sempre a sua maneira de avaliar a situação. Mais importante do que realizar interpretações aparentemente lógicas é realizar interpretações que lhe ajudem em vez de lhe anular.

15

As lições necessárias

Algumas coisas não se compreende aprendendo-as,
mas sim deixando que nos aprendam.
Madre Teresa de Calcutá

Frequentemente, quando as coisas não acontecem como gostaríamos que acontecessem, tendemos a ficar frustrados e, principalmente, a buscar um culpado ou uma solução fora de nós.

A vida não está interessada em nosso bem-estar subjetivo, mas sim em nos ensinar. Com as lições da vida, pouco a pouco, nosso verdadeiro potencial é desenvolvido e, assim, podemos reconhecer a essência que está atrás da aparência. "Na vida não há amigos nem inimigos, só há mestres". Essa é uma frase que nos convida a pensar que, às vezes, aquelas pessoas que menos nos agradam são as que mais têm a nos ensinar a respeito de nós mesmos. Elas nos permitem reconhecer a irracionalidade, a impaciência e a falta de compaixão que ainda vivem em nosso interior.

Há uma história que ilustra bem o que acabo de dizer.

Perto de Paris havia uma comunidade espiritual fundada por Gurdjieff. Esse homem tinha aprendido, em diversos mosteiros nos desertos, uma série de danças e ritmos que, junto a outros tipos de ensinamentos, ajudavam as pessoas a desenvolver sua espiritualidade.

Naquela comunidade vivia um homem idoso que as pessoas não suportavam. Conhecido como arisco e desagradável, aquele homem, apesar de viver entre eles, não era aceito no grupo. Um dia, o velho decidiu que aquele não era seu lugar e partiu.

Ao saber do ocorrido, Gurdjieff saiu à sua procura e, quando finalmente o encontrou, tentou convencê-lo a voltar, mas o homem se negou. Após prometer que pagaria para ele voltar a viver na comunidade, Gurdjieff conseguiu que regressasse.

As pessoas do local se rebelaram ao saber que, além de pagar para morar na comunidade, agora também tinham de pagar para aquele ser incômodo viver ali. Ao saber da reação de seus discípulos, Gurdjieff reuniu todos em uma sala e disse:

– Vocês não entenderam nada. Ter um homem assim nesta comunidade é o melhor presente que poderiam receber, porque é a melhor maneira de aprenderem a desenvolver um espírito de compaixão, algo que até agora nenhum dos que estão aqui demonstrou ter. Sem esse espírito, minhas instruções não serviriam de nada e, por isso, vocês pagam a mim e eu pago a ele.

Muitas vezes nos vemos diante de coisas tão dolorosas que não queremos sequer olhar para elas. Nosso cérebro está mais condicionado a evitar a dor do que a buscar recompensa e, por isso, quando intuímos que haverá sofrimento, costumamos fugir imediatamente. Convido o leitor a lembrar de como se sentiu quando enfrentou essa camada de sofrimento que, sem dúvida, o envolveu em mais de uma ocasião. Provavelmente se dará conta que, quando o fez, algo mudou em seu interior. É como se ele tivesse se expandido, como se experimentasse uma evolução interior. Naquele momento de superação, você transcendeu os limites de sua identidade, os limites de seu ego e, por isso, teve uma experiência, apesar de efêmera, diferente da sua realidade habitual.

A aceitação impulsiona à ação, à tomada de responsabilidade, a ser alguém plenamente consciente de sua capacidade de responder aos acontecimentos.

Quando acontece alguma coisa de que não gostamos, mesmo algo simples, como perder um voo ou ouvir uma grosseria de alguém, imediatamente damos um significado a esse evento. Esse significado é que tem o poder de movimentar emoções negativas como a ira, a frustração ou a angústia. Uma vez capturados pela emoção, é muito difícil sair dela se não entendemos a raiz do que aconteceu e, por isso, a palavra-chave é "aceitação", que é a reconciliação com a realidade. Quero destacar que a aceitação nada tem a ver com a resignação, entre outras razões porque a resignação leva à inação dolorosa ao se considerar que não há nada que se possa fazer para superar os fatos.

A aceitação consegue o que a resignação nunca alcançaria, pois diferentemente da resignação, a aceitação impulsiona à ação, à tomada de responsabilidade, a ser alguém plenamente consciente de sua capacidade de responder aos acontecimentos. Na aceitação, o movimento que se inicia não é para se rebelar contra o fato, mas sim para se rebelar diante da ideia de que não existe alternativa.

No momento em que abro a possibilidade de aceitar algo, também considero que pode haver uma oportunidade oculta nessa situação e que posso procurar o outro lado da moeda.

Certa ocasião me convidaram para dar uma conferência em Santiago, no Chile, para um grupo de aproximadamente cem empresários que, apesar de seu grande valor pessoal e profissional, passavam por uma situação complicada por causa das enormes mudanças econômicas que ocorriam no mundo.

Eu chegaria de Madri na noite anterior à conferência, que começaria às nove e meia da manhã. Supunha-se que eu desembarcaria, aproximadamente, às dez da noite, depois de fazer uma escala em Buenos Aires. O avião saiu de Madri e chegou pontualmente em Buenos Aires e, já de noite, decolei na hora marcada para Santiago.

Quando começou a aterrissagem, o piloto comunicou que, devido ao espesso nevoeiro na cidade, o avião teria de aterrissar em Mendoza. A verdade é que eu não entendia o retorno que o avião começava a fazer. Em minha ignorância, achava que Mendoza era próxima de Santiago, e que não haveria nenhum problema. Foi quando perguntei ao passageiro ao lado, que me explicou com extraordinária amabilidade que Mendoza pertence à Argentina e está separada de Santiago pela Cordilheira dos Andes. Também me disse que a viagem de carro durava oito horas, e que a estrada pela montanha era razoável.

Senti um nó no estômago, sobretudo quando o comandante do avião, depois de aterrissar, disse que os primeiros aviões de Mendoza para Santiago sairiam no dia seguinte a partir de uma e meia da tarde. Ao ouvir aquela nova "boa notícia", o nó se fez ainda mais intenso, pois parecia impossível que eu pudesse estar no dia seguinte às nove e meia da manhã em Santiago. Uma grande parte dos passageiros começou a se irritar e a falar duramente com as comissárias de bordo, as quais, além de terem sido extraordinariamente amáveis durante toda a viagem, não tinham nada a ver com o fato, dado que se limitavam a realizar seu trabalho. As pessoas podem ser irracionais a esse ponto.

Ao sair do avião, procurei funcionários da companhia aérea e ninguém me deu alternativa. Estava esgotado após uma viagem de tantas horas, e não me via dirigindo um carro durante oito horas no meio dos Andes. Foi então que me dei conta de que não estava aceitando a situação, de que não estava me reconciliando com a realidade, mas sim me rebelando contra ela e convocando emoções inúteis, como a frustração e a desesperança. Nesse momento, mudei radicalmente de atitude. Não podia alterar o que estava acontecendo, mas podia mudar minha resposta.

Então comecei a dizer para mim mesmo que, com certeza, havia uma oportunidade escondida no problema aparente, e que, se perseverasse, a encontraria. O que comecei a experimentar de cara foi uma mudança radical em minhas emoções. Da frustração fui passando ao interesse e, pouco a pouco, à esperança de descobrir algo de bom que, por enquanto, estava escondido. A desesperança converteu-se na confiança de que encontraria uma solução, embora ainda não soubesse onde encontrá-la. De repente, tomei consciência de uma coisa que, de tão óbvia, tinha esquecido, e fazia parte do tema da minha conferência: "o potencial humano diante da incerteza".
Eu já sabia que o potencial inexplorado das pessoas só se revela quando estão fora de sua área de conforto, e se encontram frente ao desconhecido. Era mais uma maravilhosa ocasião para passar de professor a aluno, e isso fez com que me sentisse entusiasmado diante do que poderia ser desenvolvido.
Uma das coisas que mais me entristecia antes de empreender a viagem de Madri a Santiago era que tanto a ida quanto a volta seriam noturnas, e não poderia, assim, contemplar o espetáculo grandioso dos Andes.
Graças ao apoio incondicional da organização que havia me convidado, montou-se um sistema de transporte para me levarem de carro de Mendoza até a fronteira da Argentina, onde trocaríamos de veículo para, depois, seguir até Santiago. Viajei a noite toda com dois motoristas tão simpáticos e bem-humorados que nem me dei conta da

viagem. Além disso, pude contemplar extasiado o amanhecer na Cordilheira dos Andes. Cheguei às nove horas em ponto, em Santiago, precisamente meia hora antes do início da conferência. Como tinha feito uma boa viagem e me divertido muito vendo os Andes, entrei com uma energia explosiva no salão, o que me ajudou muito a realizar a conferência e a me conectar com a audiência.

Por isso, mesmo que às vezes demore um tempo para colocar em prática, tento não esquecer que as melhores opções para as portas da oportunidade se abrirem não estão em me deixar amarrar em reações ou automatismos, por mais lógicos e razoáveis que pareçam. A melhor oportunidade está em perguntar: "O que tem de valor no que está acontecendo?".

Hellen Keller, uma mulher que, apesar de ter ficado cega, surda e muda ainda na infância, graduou-se com honras em Radcliff, disse: "Se você olhar para sol, não verá a escuridão".

Há outro elemento que pode nos ajudar a reduzir a tensão em que vivemos. Refiro-me ao agradecimento. Para ilustrá-lo, contarei outra história.

Um homem foi consultar seu médico sobre uma série de dores difusas que tinha.

– Sim, doutor, estou muito incomodado; dói meu corpo todo. Na verdade, tudo vai mal na minha vida, tudo é um desastre.

O médico intuiu que, talvez, suas doenças físicas estivessem relacionadas com suas doenças anímicas, pois aquele homem seguiu se queixando do desastre que era sua vida e de quanto tudo era horrível. Por isso, e porque conhecia alguns dados de sua vida familiar e pessoal, disse:

– Entendo perfeitamente... além disso, não sabe como lamento o falecimento de sua mulher.

O homem olhou para o médico com expressão de perplexidade.

– Mas, doutor, minha mulher está muito bem; sem dúvida alguém o informou mal.

– Você não imagina o quanto me alegro que sua mulher esteja bem.

Então, o médico escreveu em uma folha, enquanto dizia em voz alta: "Sua mulher está viva".

– Ainda assim, sinto muito que um de seus filhos esteja tão doente – continuou o médico.

– Doutor, o senhor está estranho hoje. Meus filhos, felizmente, estão todos saudáveis.

– Seus filhos estão saudáveis – observou o doutor, enquanto escrevia.

– Não quero colocar o dedo na ferida, mas lamento muito que tenha perdido seu emprego.

– Doutor, não entendo o que está acontecendo com o senhor, mas...

Naquele instante, o homem compreendeu o pouco valor que dava a tudo de valioso que tinha em sua vida, e como tinha se deixado invadir por sentimentos que só podiam ter origem em uma visão muito parcial das coisas. Então se levantou, agradeceu ao médico e foi embora.

Não faz sentido nos desgastarmos querendo mudar coisas que estão fora de nosso alcance – refiro-me a conflitos ou problemas de ordem mundial – e nos sentirmos impotentes na hora de gerenciar nossos próprios estados de ânimo. Dizer sim à vida tem muito a ver com deixar de adotar o papel de vítima e de dedicar nosso tempo valioso e nossa energia na busca de culpados, para assumir a responsabilidade na hora de responder ao que nos acontece.

Conselho final

A aceitação e o agradecimento estão à frente da resistência e da resignação. Talvez nem a aceitação nem o agradecimento pareçam razoáveis porque nos permitem alcançar o que também parece impossível.

16

Da escuridão à luz

Não entre no sistema para ver se funciona, porque, se você está dentro do sistema, não poderá sair.

Bárbara Kent

Um dos meus romances preferidos é *O Conde de Monte Cristo*, de Alexandre Dumas. É uma história de inveja, segredos e intrigas que levam um jovem chamado Edmund Dantés, na flor da idade, apaixonado e com um futuro promissor, a ser preso durante dezessete anos no castelo de If. Essa prisão de segurança máxima se encontrava situada em uma ilha em frente à cidade francesa de Marselha. Privado de sua liberdade e sem poder entender as estranhas circunstâncias que o tinham levado àquela situação, vive uma existência de confusão, solidão e amargura. Até que se encontra com outro prisioneiro, o abade Faria, e, com sua ajuda, começa a compreender a curiosa conexão de acontecimentos que determinaram sua prisão. Edmundo Dantés descobre a traição por ciúme de um de seus amigos e fica sabendo de um segredo de tais proporções que, se fosse divulgado, levaria à prisão uma das personalidades políticas mais destacadas da França.

Muitas vezes, é possível classificar vidas confortáveis como vidas de resignação. A diferença entre nós e Edmundo Dantés é que ele sabia que, por trás dos muros, havia outra realidade bem mais interessante, enquanto nós muitas vezes não nos damos conta. Por isso, os muros da mente são mais sólidos que os muros de pedra, pois têm a capacidade de não nos permitir, nem sequer nos propor, a possibilidade da existência de uma realidade diferente da que experimentamos.

Quando acontece algo de que não gostamos, como uma ausência de reconhecimento ou de agradecimento em nossas vidas, ou talvez o encontro com alguém que se nega a colaborar conosco, começamos a experimentar uma rejeição automática por essa pessoa ou pela situação. Isso é muito sensato e razoável e, por isso mesmo, perigoso, pois as pessoas elegem com o coração e justificam com a razão. No final, aquilo que decidem sentir encontrará imediatamente respaldo em um raciocínio que não deixará brechas para dúvidas.

Mullah Nasruddin é um personagem curioso do mundo sufi, conhecido por ser ao mesmo tempo sábio e excêntrico. Certo dia, Nasruddin estava jogando migalhas de pão ao seu redor quando um vizinho se aproximou e perguntou:

– O que está fazendo, Nasruddin?
– Tentando manter os tigres afastados.
– Mas não há tigres num raio de milhares de quilômetros – replicou perplexo o vizinho.
– Uma clara demonstração da eficácia de meu método, não acha? – respondeu Nasruddin.

O mundo que nos parece razoável não é o mundo da lógica, mas sim o mundo dos automatismos. Por isso, diante de estímulos que geram incômodo, é razoável que fiquemos tensos e aborrecidos. O mundo do razoável nos parece tão irresistivelmente lógico que nos apegamos a ele como se fosse o único possível. Por isso buscamos em nós e nos outros motivos evidências e justificativas que reforcem essa forma de pensar, pela qual estou correto, e a outra pessoa equivocada.

Já vimos que quando alguém cria uma série de filtros mentais, todos ou grande parte dos convites do real para ir além desses filtros são recusados, e sequer chegam à consciência. Gostaria, por isso, de fazer algumas perguntas ao leitor:

- Por que quando alguém buzina para nós sem motivo, no trânsito, e buzinamos de volta, nossa pressão arterial sobe?
- Por que quando encontramos alguém na rua que consideramos antipático ou inconveniente sentimos um nó no estômago?
- O que faz com que, após uma discussão, fiquemos cansados e nos doa a cabeça?
- Qual é a razão de termos dificuldade de dormir quando achamos que não fomos tratados com respeito?

Se todas as nossas respostas emocionais têm tanto sentido, o que faz com que o corpo não se mantenha sereno, tranquilo e equilibrado? A cabeça e o resto do corpo não deveriam concordar conosco?

> Reações como a ira e o ressentimento [...], quando perduram e deixam de ser emoções para se converterem em estados de ânimo, têm efeitos muito desfavoráveis.

Hoje sabemos, como já vimos – mas é bom lembrar –, que reações como a ira, o ressentimento, o desejo de vingança, a frustração, a desesperança, a desconfiança, a ansiedade e a angústia, quando perduram e deixam de ser emoções para se converter em estados de ânimo, têm efeitos muito desfavoráveis:

- Comprometem a saúde e a vitalidade, prejudicando o sistema imunológico, as artérias, o coração, os músculos e as vísceras.
- Geram distanciamento entre as pessoas, destróem famílias, amizades, povos e países inteiros.
- Bloqueiam a motivação para criar prosperidade.
- Reduzem e até anulam a clareza mental e qualquer possibilidade de ver as coisas em perspectiva, destruindo, além disso, o espírito empreendedor.
- Obscurecem a possibilidade de conhecer, descobrir, compreender e aprender.

Se as emoções que descrevemos, e que são mobilizadas como reação automática a algo que etiquetamos como não desejável, têm tantos efeitos negativos, seria bom nos perguntar se há outra opção.

Obviamente, não vamos encontrar essa opção no âmbito da mente intelectual, porque é aí que o problema é gerado. A opção está no mundo do ser, da consciência, dessa realidade que já somos, mas esquecemos.

Para nos mover nesse plano precisamos percorrer uma série de níveis, o que vai exigir de nossa parte um compromisso firme, uma grande persistência e uma boa dose de paciência.

Primeiro nível: Nenhum fato ou circunstância, por mais razoável que me pareça, pode dar espaço para que eu guarde em meu interior pensamentos negativos, que desemboquem em emoções inúteis. Por isso, assim que começo a abrigar alguns desses pensamentos ou a sentir algumas dessas emoções, a primeira coisa que devo fazer é uma pausa; respirar fundo três ou quatro vezes e evitar, da melhor maneira possível, que esses pensamentos ou emoções voltem a me paralisar. Tenhamos em mente que esse processo costuma ser árduo. Primeiro, porque estamos tentando destruir automatismos que se reforçaram ao longo de muitos anos. Segundo, porque nossa mente intelectual, que é parte do problema, vai dizer que o que estamos fazendo é uma enorme estupidez e uma grande perda de tempo.
Segundo nível: Aceitação dessa situação não como um ônus, mas como um presente do Universo para que possamos crescer e evoluir com serenidade, compaixão e amor.
Terceiro nível: Neste nível, é necessário muita humildade para se abrir à possibilidade de que, de agora em diante, por trás do que vemos e experimentamos, haja um espaço novo, onde exista um

grande prazer e uma enorme clareza. Por isso é tão importante a fé e a confiança de que, por trás dos muros da mente, existe outra realidade que, por enquanto, não chegamos a ver.

Quarto nível: Ao chegar neste ponto, precisamos dirigir a atenção de uma maneira radicalmente diferente daquela dos automatismos. Quando sentimos que alguém nos feriu, de modo imediato nossa atenção se dedica a buscar tudo de negativo, desagradável e disfuncional que essa pessoa tem. Se queremos transcender nossos automatismos para sermos livres de verdade, é importante começar a buscar o que há de melhor em cada pessoa, porque há algo admirável em todo ser humano. O que buscamos de verdade não está na aparência dessa pessoa ou em suas manifestações, mas sim em sua essência, no que há por trás de suas feridas e de suas fraturas emocionais, na origem de sua dor.

Quinto nível: Este é um nível que se choca diretamente com nosso habitual nível de arrogância, de querer fazer tudo sozinhos e sem ajuda. Há forças que não podemos compreender a partir da razão, mesmo a ciência esteja começando a atentar para isso. No quinto nível, pedimos ajuda ao Universo, para que nos auxilie no relacionamento conosco e com os demais.

> Anos atrás, eu estava em Londres para estudar alguns aspectos da mente humana. Certo dia, soube que um dos museus da cidade estava exibindo uma série de modelos anatômicos do século XVII feitos de cera, vindos da Itália.

Quando fui ao museu, não pude acreditar no realismo daquelas figuras. Era possível ver cada estrutura arterial, venosa e linfática até o mais mínimo detalhe. Havia modelos de órgãos isolados e de corpos inteiros. Eu, que sou apaixonado pela anatomia humana, estava gostando muito. De repente, percebi que a uns dez metros de distância havia uma espécie de arco e, para além do arco, via-se o que pareciam crânios de animais. Entrei decidido nessa pequena sala e, de fato, em uma das paredes, em uma pequena estante, estavam dispostos alguns crânios de lobo. À minha esquerda, em outra parede, havia uma bela imagem do anfiteatro anatômico de Pádua. Foi no anfiteatro de Pádua que estudaram alguns dos anatomistas mais prestigiados da época, como o grande Vessálio. Tornou-se o anfiteatro médico mais famoso do mundo.

Distraído, nem percebi que, à minha direita, perto da parede oposta à imagem do anfiteatro, havia um banco onde um garoto de uns dezoito anos estava sentado. Sem querer, eu estava obstruindo sua visão do anfiteatro, pois estava de pé entre ambos.

O grito que ele deu para que eu saísse da sua frente foi de tal ordem que uma senhora, que também observava os crânios, começou a tremer. O que senti primeiro foi um aumento brutal da tensão em todo meu corpo, e um aumento súbito das frequências cardíaca e respiratória. Notei a força com que contraía a mandíbula e a raiva que sentia daquele ser que havia me tratado de maneira tão agressiva. Olhei com fúria e, em alguns instantes, mapeei tudo o que encontrava de desagradável nele. De repente, porém, como se me golpeasse um raio de sensatez, tornei-me plenamente consciente de que tinha uma opção, a opção de perdoar; e em meu interior, assim o fiz.

Como vivi essa situação, posso testemunhar. Ao fazer essa escolha, desapareceu por completo, e de forma imediata, toda a tensão que havia em meu corpo: a mandíbula se afrouxou, o coração e a respiração se serenaram, e me invadiu um profundo estado de calma e serenidade.

Como médico, todas essas experiências me deixam perplexo, porque sou ciente das mudanças hormonais, musculares e viscerais intensas que acontecem em um acesso de ira, e o tanto que custa, inclusive com uso de medicação, reduzir a tensão arterial ou a simples tensão muscular. Mesmo vivenciando a cena, é difícil acreditar que uma simples opção, a de não buscar razões e justificativas para contra-atacar, tenha a capacidade de normalizar tudo em um instante.

No entanto, o que mais me impactou não foi isso, mas sim que, ao olhar de novo aquele jovem, vi algo que antes não vira e, de alguma maneira, compreendi o sofrimento que devia experimentar para agir dessa maneira. Minha raiva se converteu em compaixão, que não é o mesmo que dó, pois a compaixão implica uma conexão com o sofrimento da outra pessoa.

Por alguma razão, talvez essa pessoa tivesse se sentido ignorada ou desprezada por mim, e isso provavelmente ativou lembranças dolorosas. Acho que minha falta de reação teve algum impacto naquele jovem, pois ele parecia mais tranquilo.

Naquele dia, aprendi algo muito importante, que tento aplicar sempre, com maior ou menor acerto: estar consciente de que o fogo não se apaga com gasolina, mas com água, e que isso implica parar a reação automática, por mais razoável que pareça, e escolher quem se quer ser nesse momento.

Sei que costumamos pensar que a chave de tudo está em *fazer* para *ter*, e depois *ser*. Levar a cabo algumas ações para possuir certas coisas que nos permitam, por sua vez, ser conhecidos, prestigiados ou felizes. Acho que esse não é um esquema saudável e, talvez, possamos invertê-lo. Quando o que alguém busca primeiro é ser, o fazer torna-se coerente com esse ser, e isso abre caminho para o ter. Só a partir do ser equilibrado, autêntico, íntegro e compassivo podem nascer ações tão diferentes em sua qualidade que acabam se cristalizando em novas realidades. É nosso nível de consciência que determina nosso nível de ser. A consciência ordinária equivale ao plano do razoável e, por isso, faz-se o que é lógico fazer e se obtém o que é sensato obter. Quando se ascende a um nível de consciência não-ordinário, faz-se o que se faz, não porque a pessoa tenha razões, mas porque assim o escolhe. Por isso, obtém algo, de um lado, extraordinário, e de outro, inesperado.

Conselho final

Quando trabalhamos para agir com base em nossas escolhas, e não em nossas emoções, é que agimos com liberdade.

17

A volta para casa

> O desconhecido não me perturba – espero curioso, fascinado e esperançoso pelo que pode emergir.
>
> **Dr. Milton Erickson**

Nossa identidade, como vimos em várias ocasiões, nos bombardeia com uma série incessante de pensamentos; gera tanto ruído mental que não somos capazes de escutar o som, bem mais sutil, da dimensão oculta que conhecemos como *ser*, *essência* ou *testemunha*.

Há cerca de 2.500 anos, na Índia, um grupo de verdadeiros pesquisadores fez uma descoberta espantosa. Eles foram capazes de desvendar um dos mais surpreendentes mistérios: a maneira como funciona a mente humana. Só recentemente a medicina mais avançada conseguiu descobrir, ao menos parcialmente, a explicação fisiológica de alguns dos efeitos experimentados pelos praticantes do que se conhece como *mindfulness*.

A prática do *mindfulness* busca reduzir o "ruído" mental, para que, pouco a pouco, vá-se tornando mais clara e palpável a essência do que realmente somos. Escutá-la é penetrar na dimensão da qual emana um volume extraordinário de energia, vitalidade, sabedoria e criatividade.

Todos estamos tão acostumados a dar voltas e voltas pelas mesmas coisas, uma e outra vez, que nos treinar para estancar esse diálogo incessante produz uma sensação de desconcerto. Temos a sensação de que no vazio e no silêncio não existe nada e, por isso, parece absurdo dedicar parte de nosso tempo, já escasso, para desenvolver a capacidade de parar nossos pensamentos e ficar em silêncio. Essa é uma das maiores dúvidas que podem nos assaltar, pois implica uma saída drástica de nossa zona de conforto.

A maior parte das pessoas vive cotidianamente com uma enorme tensão mental. Essa tensão se manifesta como ansiedade, angústia e diferentes tipos de bloqueio, reduzindo a capacidade de pensar com clareza, tomar decisões e aprender. Sabemos que a causa disso é a ativação, através do pensamento, do sistema de alarme do corpo, ou sistema nervoso simpático (SNS).

Uma das descobertas mais interessantes da medicina em relação à meditação *mindfulness* é que o corpo responde de maneira muito favorável à cessação do ruído interminável causado pela hiperatividade do sistema nervoso simpático.

Primeiramente, observa-se um relaxamento da musculatura e uma progressiva normalização do funcionamento do aparelho digestivo. A tensão arterial diminui e baixam os níveis de colesterol. O metabolismo, que reflete o consumo energético do organismo, diminui. Com isso, a pessoa experimenta um aumento em sua energia e vitalidade, pois a energia não está sendo gasta com processos pouco produtivos. O coração também se beneficia ao ter de trabalhar contra menos resistência, e isso reduz suas necessidades de oxigênio. Além disso, há uma melhoria significativa do sistema de defesa do organismo, sobretudo no que se refere aos linfócitos NK e CD4. Isso se traduz na redução da possibilidade de desenvolver um processo infeccioso ou tumoral.

É curioso como os estudos de neuroimagem que utilizam ressonância magnética funcional mostram que pessoas treinadas em meditação apresentam um aumento na espessura do córtex pré-frontal esquerdo. Lembremos que essa área, além de ter impacto no desenvolvimento da atividade do sistema nervoso de recuperação, ou parassimpático, também é central na hora de experimentar emoções positivas como a alegria, o entusiasmo e a serenidade. Essa é uma das razões pelas quais o estudo e a prática da meditação *mindfulness* têm cada vez mais espaço em uma sociedade que enfrenta níveis de tensão tão elevados que se manifestam no aumento contínuo da ansiedade e em sua "filha", a depressão. Ambas não apenas afetam a produtividade como também geram insônia e aumentam enormemente a chance de sofrer um acidente.

> Um dos sistemas mais eficazes para manter a atenção centrada no aqui e no agora é [...] se fixar nos movimentos da respiração, já que a respiração acontece no presente.

Uma vez que compreendemos a maneira como age a meditação *mindfulness*, precisamos entender quais são os aspectos metodológicos fundamentais de sua prática.

Dado que os pensamentos perturbadores não podem existir se não prestarmos atenção neles, a chave de tudo é voltar a ganhar o domínio, o controle de nossa atenção. Essa meditação, além disso, é um convite para nos manter presentes no aqui e no agora, sem deixar que nossa mente viaje nem para o passado nem para o futuro. Se você fecha os olhos e consegue ficar no presente, sem se envolver em pensamentos ou histórias do passado ou em planos para o futuro, demonstra uma grande capacidade para experimentar os benefícios da meditação *mindfulness*. Mas, se para você isso for muito difícil, não se preocupe; é normal, e acontece com a maioria das pessoas. Por isso o treinamento é necessário.

Um dos sistemas mais eficazes para manter a atenção concentrada no aqui e no agora é se fixar nos movimentos da respiração, pois a respiração acontece no presente.

Outro elemento essencial a ser levado em conta é a nossa reação diante das distrações. Quando nos damos conta de que já não estamos prestando atenção à nossa respiração, ou que ficamos literalmente envolvidos em um pensamento ou em uma emoção, o segredo é não se frustrar, de maneira nenhuma, mas sim, com suavidade e, ao mesmo tempo, com firmeza, prestar de novo atenção na respiração. É como puxar para o nosso lado, mais uma vez, o cachorrinho que estamos adestrando e foi farejar uma flor. Esse é um ponto essencial, pois a meditação não pode ser experimentada enquanto não abandonarmos a tendência de se sentir mal ou culpado toda vez que nos distraímos.

O elemento seguinte, talvez o mais complexo, é saber o que fazer quando uma emoção é tão intensa, ou um pensamento tão insistente, que sentimos ser impossível não se envolver. Por mais que tentemos, só conseguimos voltar a prestar atenção na respiração durante alguns segundos, para outra vez ficarmos envolvidos no mesmo pensamento ou emoção. Nesse caso, o que se pode fazer é, simplesmente, prestar atenção nas sensações corporais que produzem esse pensamento ou essa emoção.

Também é bastante útil nomear o que estamos experimentando, como *tristeza*, *medo* ou *ansiedade*. A chave aqui é não resistir, pois o emprego da força ou da vontade é contraproducente. O que precisamos para sair dessa situação é nos deixar envolver por ela, como quando alguém se deixa envolver por uma paisagem extraordinária.

Não recuse o pensamento ou a emoção como mau ou indesejável; experimente-o completamente sem julgá-lo, converta-se em um explorador que tenta localizar a raiz profunda do que está experimentando. Pouco a pouco, o pensamento e a emoção se dissolvem ou se revelam algo de grande valor, que antes estava oculto.

No espaço da meditação *mindfulness* não há lugar para catalogar os pensamentos ou as emoções como bons ou maus, desejáveis ou indesejáveis, pois há uma suspensão completa do julgamento. Neste espaço, o que existe é uma atitude de exploração que demonstra o mesmo interesse analisando um jardim exuberante ou um deserto árido. Essa atitude é fundamental, e se opõe diretamente à maneira como normalmente funciona nossa mente: apegando-se ao que gosta e resistindo ao que lhe desagrada.

A meditação *mindfulness* é um dos caminhos mais interessantes para aceder a esse espaço mágico que é a nossa essência, transcendendo os limites que marcam nossa própria identidade. Com sua prática, não se busca um entendimento racional, uma compreensão intelectual do que ocorre, mas sim viver a experiência de se abrir às possibilidades e ao potencial que existem dentro de nós. Por isso, qualquer esforço para conseguir ou experimentar algo é contraproducente.

A meditação *mindfulness* nos convida a abandonar nossa tendência a controlar tudo e a tudo querer compreender intelectualmente. É um convite a confiar e nos deixar levar por uma sabedoria que desafia qualquer entendimento por parte de nossa estreita e cega identidade. A meditação *mindfulness* é um caminho para a expansão, o crescimento e a evolução pessoais. É um caminho que nos leva do razoável ao possível.

Conselho final

O silêncio não é a ausência de som, mas também de ruído. Só quando paramos a torrente de pensamentos que nos bombardeia podemos escutar a voz que não surge da cabeça, mas do coração.

18

A noite escura da alma

Se um homem conquistasse em uma batalha mil vezes
mil homens, e outro conquistasse uma só vez a si mesmo,
este seria o maior dos conquistadores.
Dhammapada

Muitos místicos, em seu caminho para se encontrar com Deus, referem-se a um período de confusão, tristeza, medo e solidão, que denominaram "a noite escura da alma". Muitos de nós, embora não sejamos místicos, também temos essa experiência: quando queremos abandonar esse espaço conhecido como "identidade", entramos em outro que está cheio de dúvidas e confusão.

Nesse novo espaço, que também se chama de "naufrágio", o ser humano se sente perdido e lhe custa pensar com clareza. Tudo ao seu redor parece coberto por um nevoeiro, e já não sabe para onde. Surgem emoções como a ansiedade, o medo e a desesperança. A mente julgadora só pretende que voltemos, como uma ovelha, para o curral. Ela começa a nos metralhar com interpretações e julgamentos, tentando nos fazer abandonar nosso objetivo e voltar para o ponto de partida, de onde, talvez, nunca deveríamos ter saído. É uma chamada à resignação, ao conformismo, à crença de que a transformação pessoal é apenas uma bela utopia.

Deve-se ficar muito alerta para quando se começa a experimentar essa noite escura, porque, na realidade, estará acontecendo justamente o contrário do que parece. Se desistirmos nesse momento, se nos deixarmos conduzir uma vez mais por nossas emoções, então perderemos grande parte do que ganhamos ao nos atrever a sair de nossa zona de conforto.

Quando nos sentimos confusos e perdidos, significa que estamos a ponto de fazer uma descoberta, de ter uma revelação, pois depois dessa zona de escuridão e naufrágio se encontra a região de descoberta, o espaço onde começa a compreensão de certas coisas em profundidade. É o lugar onde nossa criatividade se desenvolve e onde encontramos novos caminhos para aceder àquilo que previamente, quando estávamos em nossa zona de conforto, resistíamos.

É preciso ter um verdadeiro coração de guerreiro para adentrar essa área de desconforto e, também, para continuar avançando no meio da confusão e da escuridão. É essencial manter a coragem, a confiança e a certeza absoluta de que algo valioso, embora não o vejamos, está aflorando dentro de nós. Nossa consciência está acordando, porém, nossa mente intelectual e racional, que depende de nosso ego, não sabe o que está acontecendo, e sente que, seja o que for, de alguma maneira ameaça sua existência. É normal essa reação de nossa identidade, pois quando o verdadeiro despertar da consciência acontecer, o ego não morrerá, mas simplesmente começará a se desvanecer. Será algo como a escuridão se desvanecendo na presença da luz.

Pode acontecer de sentirmos um enorme mal-estar durante nossa "noite escura". Isso se dá porque estamos apegados àquela identidade que está sendo transformada. Acreditamos que *somos* aquilo, e acabamos experimentando as mesmas emoções que nosso ego durante esse processo de mudança. Da mesma maneira que a lagarta na fase do casulo teve de ser digerida por suas próprias enzimas proteolíticas para poder se transformar em borboleta, também nossa identidade tem de ser "digerida" para que surja uma nova personalidade, bem mais sintonizada com quem somos na realidade.

> Quando nossa consciência deixa de se identificar com nossa identidade – com a definição que temos de nós mesmos – acedemos de maneira imediata a novas possibilidades para nós e nossas vidas.

Resistir a essas emoções que experimentamos é justamente o contrário do que devemos fazer, pois resistir é recusar, se opor àquilo de que, em realidade, mais precisamos. Abraçar essas emoções incômodas não é racional, mas do ponto de vista de uma consciência mais elevada, se quisermos crescer e evoluir como pessoas, é justamente o que precisamos fazer.

É nesses momentos que devemos ter a firmeza de seguir em frente, de aceitar nossas emoções e nos abrir para experimentá-las totalmente, nos entregando por completo ao processo curativo de que tanto precisamos. Nesses momentos de dor e, inclusive, de amargura, podem existir gotas de alegria e entusiasmo ao se compreender que após a confusão vem a clareza, e que depois da noite mais escura surge o mais belo amanhecer.

Se conseguirmos sair desse espelhamento criado por algumas emoções que, lamentavelmente, estão, na maior parte das vezes, a serviço de nossa identidade estreita e de nossa consciência limitada, nos daremos conta de que, quando nossa consciência deixa de se identificar com nossa identidade – com a definição que temos de nós mesmos –, acederemos de maneira imediata a novas possibilidades para nós e para nossas vidas. Possibilidades que, antes, permaneciam ocultas. É como contemplar as coisas a partir de um local mais elevado, de onde vemos o que não pode ser visto no nível do chão.

A busca de si mesmo, de quem se é realmente, é sempre um ato heroico que implica aprender a se superar várias vezes para, pouco a pouco, expandir os limites da própria identidade. Só dessa maneira podemos descobrir o extraordinário no ordinário. O próprio Einstein dizia que "na vida, nada é um milagre ou tudo é um milagre". Há dimensões ocultas da realidade que só se manifestarão depois que nossa "noite escura" da alma for superada. Nossos sentidos poderão então captar elementos dessa realidade que previamente ficavam obstruídos por nossa mente julgadora.

Quando nos sentimos perdidos, confusos e frustrados é essencial colaborarmos conscientemente com o processo de transformação.

É esse o momento de lembrar as palavras pronunciadas por Nelson Mandela, e escritas por Marianne Williamson: "O homem não teme sua escuridão, mas sim sua luz".

Quando nos sentimos perdidos, confusos e frustrados é essencial colaborarmos conscientemente com o processo de transformação e para isso há várias providências que podemos tomar, todas com algum impacto em nossas emoções:

- Manter postura e gestos que transmitam estarmos experimentando um processo vitorioso, e não uma derrota. Os ombros caídos, as costas encolhidas e o peito retraído são lidos pelo cérebro como sinais de que algo vai mal e reforçam as emoções inúteis. O mesmo acontece com as caras tristes e o tom de voz apagado. Vamos nos mover com vitalidade, falar com entusiasmo e transmitir paixão em nosso olhar.
- Dormir ao menos sete horas diárias porque, durante o sono, o inconsciente continua trabalhando para trazer à luz o que está oculto.
- Comer com moderação e fazer jantares leves.
- Deixar de ser sedentário e fazer exercícios físicos, ao menos cinco dias por semana, durante meia hora por dia. Os exercícios físicos têm capacidade de reduzir muitas de nossas emoções disfuncionais.
- Praticar a meditação *mindfulness* durante dez minutos, duas vezes por dia, até chegar, pouco a pouco, a vinte minutos, duas vezes por dia.
- Valorizar o que está acontecendo, da maneira como explicado anteriormente, como uma grande oportunidade para nosso crescimento e evolução.
- Não perder mais tempo fazendo perguntas como “Por que me sinto tão mal?”, “O que posso fazer para me sentir melhor?”, “Qual a origem do que sinto?”. Essas pergun-

tas são uma armadilha, pois direcionam a atenção para as emoções, e faz com que fiquemos presos a elas. Proponho perguntas diferentes, como "O que há de maravilhoso no que me está acontecendo?", "Como posso colaborar ainda mais com meu processo de transformação?", "O que de extraordinário vou descobrir?". Essas questões voltam nossa atenção para a busca do caminho de saída, e evitam o envolvimento em uma série de disfunções que não levam a lugar algum, e só servem para nos manter paralisados.

Todo processo de transformação acontece em tempo diferente para cada pessoa, e quando menos se espera. Somente o que podemos fazer é preparar o caminho e esperar a vitória. E é desse modo que a conquistaremos.

Conselho final

Se quisermos experimentar mais energia e vitalidade, devemos ativar todas as nossas dimensões – a cognitiva, a emocional, a corporal e a espiritual –, porque todas elas estão interligadas.

19

Uma vida nova

> Para ganhar conhecimento, adicione coisas todos os dias.
> Para ganhar sabedoria, elimine coisas todos os dias.
> **Lao-Tsé**

Quando, pouco a pouco, vamos transcendendo nossa identidade, começamos a ter uma experiência completamente diferente de nós mesmos e da realidade. Remeto a uma metáfora muito utilizada para descrever esse processo. Imagine o leitor que durante toda a sua vida achou que era personagem de um filme. O filme é a própria vida, como normalmente a experimentamos, com seus momentos de alegria e aqueles de profunda tristeza.

Agora, imagine por um instante que você percebeu não ser nenhum dos personagens desse filme, mas sim um espectador dentro de um cinema. Embora possa chorar e rir com o que acontece aos personagens, você sabe que não é nenhum deles. Quando ficamos envolvidos com um dos personagens do filme, acreditamos que somos aquilo e nada mais. Isso é uma identificação plena com nossa personalidade. No entanto, quando nos damos conta de que, na verdade, somos o espectador que contempla o filme, então estamos nos identificando com nossa verdadeira essência, com o que somos realmente.

Esse é o plano do ser: transcendemos o personagem e nos encontramos com nossa verdadeira natureza, que é espiritual. É essa distância do drama que permite manter serenidade e imparcialidade, não importa o que passe na tela. Por isso, há pessoas que, diante das circunstâncias mais duras, não perdem nem seu equilíbrio nem sua paz interior.

As possibilidades que se abrem quando alguém acorda para o que é a sua verdadeira natureza são múltiplas:

Primeiro: Nessa dimensão, experimenta-se a dor, mas não o sofrimento. Há dor quando há uma perda, mas não se pensa constantemente na mesma coisa até se ter a vida arruinada.
Segundo: Na nova dimensão, há um desapego emocional que significa o seguinte: alguém pode experimentar a emoção, mas não fica paralisado nela.
Terceiro: Na nova dimensão há uma percepção diferente da realidade. Muitas coisas, que antes estavam invisíveis, passam a ser vistas, e se ouve o que antes não podia ser ouvido.
Quarto: Na nova dimensão, é possível ver a profunda interligação, com tudo e desaparece a ilusão da separação. De alguma maneira, descubro que o dano que causo para os outros volta contra mim, e que o dano que faço à Terra estou fazendo a mim mesmo.

Quinto: Na nova dimensão, damos um passo para além do que Einstein mostrou. Na nova Terra desaparece a ilusão do tempo e só existe um presente contínuo, só há o aqui e o agora.

Sexto: Nessa dimensão, existe uma sensação de paz e de serenidade imperturbável, inclusive quando no plano da identidade se esteja experimentando momentos difíceis.

Sétimo: Na nova dimensão existe liberdade de escolha, porque hábitos, reações automáticas, automatismos e padrões habituais de resposta foram transcendidos.

Oitavo: Na nova dimensão as pessoas têm clareza para compreender o sofrimento que acarreta viver preso no plano da identidade e, por isso, existe não só uma profunda compaixão – ou seja, entendimento do sofrimento dos demais e da origem de sua conduta –, mas também a conquista da capacidade de perdoar, que é impossível de ser vivenciada no plano da identidade.

Nono: Na nova dimensão não existe linguagem. Por isso, as pessoas que experimentaram as maravilhas dessa nova Terra, apesar de viverem habitualmente nela, podem orientar, explicar e descrever, mas não podem transmitir, por meio da linguagem, a experiência de estar ali.

Décimo: Na nova dimensão se experimenta o amor incondicional, porque desse ângulo só se percebe beleza nos outros, embora se compreenda que, no plano da identidade, essa beleza está muitas vezes camuflada por camadas de feiúra.

Décimo primeiro: Na nova dimensão não existem formas, mas sim acesso para a capacidade de criar e manifestar todo tipo de forma no plano da realidade no qual nossa identidade se move.

Décimo segundo: Na nova dimensão há um nível extraordinário de inteligência e de sabedoria e, por isso, existe um alto nível de clareza, que é incompreensível e inacessível no plano da identidade.

Quando uma pessoa deixa de se identificar plenamente com sua mente, seus pensamentos, julgamentos, valores e emoções, compreende que há algo maior, bem maior do que suas ideias e suas opiniões. Então começa a compreender o que existe por trás da expressão "Eu sou".

O budismo também tem muito o que nos ensinar. Há um relato interessante do que aconteceu com o príncipe Siddhartha Gautama quando penetrou nessa nova dimensão, enquanto meditava junto a uma árvore no Nepal. Segundo se conta, após acordar para essa nova realidade, para essa nova Terra, pôs-se a caminhar e encontrou um homem andando na direção oposta. Provavelmente havia algo extraordinário no semblante e na presença de Siddhartha para que o pedestre parasse e perguntasse:
– Quem você é, um deus?
Siddhartha respondeu:
– Eu sou Buda.
A tradução dessas palavras é simplesmente: "Eu sou o que está desperto".

Para mim, ninguém na história exemplifica de maneira tão surpreendente e encantadora o que é ter uma existência humana e, ao mesmo tempo, move-se em outro plano da realidade como Jesus de Nazaré. Ele nos recordava continuamente que havia outro reino, outro espaço, no qual poderíamos viver. Foi duramente julgado e castigado pelas pessoas que viviam apegadas a seus egos e que eram, portanto, incapazes de aceitar alguém assim, embora seus olhos pudessem contemplá-lo.

De alguma maneira, quando nos movemos no plano da identidade, do ego, para entender algo que nos acontece e não somos capazes de compreender, temos de encontrar uma explicação que nos permita adaptar a magnitude do evento à nossa estreita mentalidade. Grandes barbaridades foram feitas na tentativa de adaptar a realidade às medidas de nosso recipiente mental.

Quando uma pessoa começa a penetrar nessa nova dimensão, na dimensão do Espírito, todas as expressões dessa pessoa, sua presença e seu semblante, adquirem uma qualidade diferente, e até o aspecto mais simples é transformado, não só no que se faz, mas fundamentalmente, em como se faz.

É difícil entender como, há dois mil anos, simples pescadores deixaram suas barcas, suas redes, seus ofícios e até suas famílias para seguir alguém vestido com grande simplicidade e que nem sequer conheciam. É difícil entender como é possível seguir alguém que promete convertê-lo em um "pescador de almas". No entanto, algo nos olhos de Jesus, em sua presença e tom de sua voz, moveu seus corações, de maneira que fizeram algo que não era nem lógico, nem sensato, nem razoável.

Hoje, muitos de nós somos cristãos graças àqueles discípulos que saltaram do razoável ao possível. Hoje, graças àqueles seres humanos sem formação acadêmica, sem estudo e sem erudição, muitas pessoas como eu, que tiveram a sorte de estudar, percebem que nenhum estudo, ou conhecimento intelectual pode nos levar até uma nova dimensão da realidade.

Quando a dimensão do Espírito se faz realidade em nossa consciência, o mundo do não-manifesto, o mundo que não tem forma, começa a transformar nossa personalidade. Tudo isso tem uma enorme repercussão, não só em como funcionam nossos processos mentais, mas também em como isso repercute em nosso corpo. Estou convencido de que muitas curas não compreendidas pela ciência médica têm a ver com a intervenção dessa nova dimensão, a partir da qual surgem novas possibilidades e podem ser criadas novas realidades.

Querido leitor, querida leitora, muito obrigado por me acompanhar nessa viagem pelo interior do ser humano. Quero me despedir com uma pergunta, a fim de convidá-lo a seguir explorando toda beleza, sabedoria e força que existe dentro de você: é o milagre que faz o crente ou é o crente que faz o milagre? Até sempre.

Agradecimentos

Desejo agradecer a uma série de pessoas ao tempo que dedicaram a mim, seus conselhos e seu grande afeto.

A María Benjumea, presidente de Infoempleo, por ser para mim uma verdadeira líder, alguém que permanentemente busca como tirar o melhor das pessoas. Com sua alegria, esperança e confiança, ela nos demonstra que os verdadeiros líderes são os que ajudam a criar laços e a derrubar muros. Obrigado também por ler o manuscrito original e me dar ideias tão valiosas para melhorá-lo.

A Jaime Antoñanzas, um amigo muito querido, que, para mim, é um exemplo de inteligência, simpatia, generosidade e criatividade. A ele devo muito dos melhores momentos deste livro.

A meus grandes amigos da Comunica + A, Pablo, Javier e Alfonso Antoñanzas, por seu carinho, por suas excepcionais ideias e por sua ajuda.

A Jordi Nadal, meu editor, um grande amigo e uma pessoa que sabe sonhar grande e perseguir com verdadeira determinação e entusiasmo seus sonhos, até convertê-los em excepcionais realidades.

A todos os integrantes de Plataforma Editorial, por sua extraordinária dedicação e ajuda na criação deste livro.

Aos membros de HSM, empresa que gerencia com tanto esmero e profissionalismo minhas conferências.

Às responsáveis pela Izi Palestras, Cristina Santiago e Liliane Padura, pelo afeto e trabalho excepcional.

Àquelas pessoas que me dão a oportunidade de colaborar como professor em suas prestigiosas universidades e centros de formação.

Às pessoas que integram a EBS (Extremadura Business School) e, especialmente, a Carlos Ongallo, Israel Jorge e Raúl de Tena.

A todos os profissionais que trabalham no Centro Europeu de Estudos e Formação Empresarial Garrigues e, muito especialmente, a seu diretor, Ángel Bizcarrondo.

Ao Instituto de Empresa em seu conjunto e, especialmente, a Cuqui Cabanas e Pilar Vermelho.

Às pessoas que fazem parte do IDDI, ligado à Universidade Francisco de Vitoria e, especialmente, ao reitor da universidade, Daniel Sada, à diretora do IDDI, Natalia Márquez, e à diretora de Programas, Susana Alonso.

Aos membros do Euroforum Escorial.

Aos membros da Deusto Business School e, especialmente, a Víctor Urcelay.

Ao meu querido amigo Eugenio Palomero e a todos os integrantes de Itinéribus.

À Associação para o Progresso da Direção e, muito especialmente, a María Arrien, Enrique Sánchez de León e Ignacio Pausa.

A Alberto Saíz, Álex Rovira, Fernando Trías de Bês, Juan Carlos Cubeiro, Ovidio Peñalver, Pilar Jericó, Juan Mateo, José Ballesteros, Javier Fernández Aguado, Ignacio Martínez Mendizábal, Daniel Romero Abreu e tantos outros amigos com os quais passei momentos tão especiais.

Aos meus bons amigos do Grupo Hospital de Madri.

A todos os meus pacientes e participantes de meus cursos, por seu carinho e sua confiança.

RR DONNELLEY

IMPRESSÃO E ACABAMENTO
Av Tucunaré 299 - Tamboré
Cep. 06460.020 - Barueri - SP - Brasil
Tel.: (55-11) 2148 3500 (55-21) 3906 2300
Fax: (55-11) 2148 3701 (55-21) 3906 2324

IMPRESSO EM SISTEMA CTP